［改訂新版］

イエスとともに歩む

十字架の道ゆき

ヘンリ・J・M・ナウエン

Henri J.M.Nouwen

景山 恭子〈訳〉

聖公会出版

Walk With Jesus

Stations of the Cross

By

Henri J. M. Nouwen

Illustrations by Sister Helen David

Maryknoll, New York

SEI KO KAI Publishing Ltd.,

Tokyo JAPAN

改訂新版

イエスとともに歩む

十字架の道ゆき

謝辞

シスター・ヘレン・ダビデの十字架の道行きへの応答としてできあがったこの黙想のほとんどは、わたしがオンタリオ州、リッチモンドヒルのヨーク中央病院に入院していた三週間半の間に書いたものです。凍てつく早朝、仕事に出かけるために道でヒッチハイクをしていたときに、通り過ぎたバンのミラーにはねられ五本の肋骨を折り、脾臓を摘出しなければならないことになってしまいました。ところが事故が起こったとき、すべて不幸なできごととして捉えられていたことは、実は恵みが変装していたできごとであったのです。この間、とても忙しくしていたわたしはすべてのことをとりやめ、イエスとわたしの友人たちに注意を向けるときが与えられたのでした。この黙想を書くことができたのも病院で過ごした時間から生まれた思いがけない果実です。

わたしの秘書のコニー・エリスに深く感謝します。この期間、彼女はわたしに多大なる支援を与えてくれ、数えきれないほどの仕事もこなしながら、このテキストのために働いてくれました。またこの黙想の編集を最優先してくれたコンラッド・ウイクゾレックにも大変お世話になりました。

黙想を書くようにとわたしに依頼してくれたシスター・ヘレン・ダビデには特別な感謝の言葉を捧げます。ことに、わたしが依頼に対して、「はい」と返事をしてから、完成までのシスターの大いなる忍耐に心から感謝します。シスターの絵とわたしのことばをこの素敵な本にしてくださったオルビスブックスの主席編集長、ロバート・エルスバーグの友情と寛容なる協力にもお礼を申し上げます。

はじめに

シスター・ヘレン・ダビデによって描かれた十字架の道行き。この一五枚の絵は新しい角度からイエスの苦難と復活を見せてくれます。どの絵も同じかたちの十字架によって縁どりされています。わたしたちは、この十字架の窓を通して、毎日、世界のどこかで、誘拐され、飢え、見捨てられ、拷問にかけられ、殺されている兄弟、姉妹たちに出会います。そして彼らのなかにイエスご自身が痛みにみちた、しかし希望にもみちた旅をつづけておられる姿を発見するのです。この同じ窓を通して、わたしたちは暗闇のただなかに、信頼、希望、そして愛を見ることができます。長い時間、また、集中してこれらの絵を見つめれば見つめるほど、多くの国々にある苦難と喜びのなかに、聖金曜日、聖土曜日、さらに、ご復活日の計り知れない神秘が、今も繰り返し展開されていることに気づかされました。

「わたしは地上からあげられるとき、すべての人を自分のもとへ引き寄せよう」（ヨハネ一二・三二）と、イエスは言われました。あらゆる時代のあらゆる人々が、イエスの苦しみと復活の体へと引きつけられてきました。人間の痛み、喜びのなかで、イエスがご自分のなかに取り入れられなかった痛みや喜びはひとつもありません。それゆえにこそ、わたしたちは十字架の窓を通して、わたしたちの住む世界を見ることができ、絶望に屈することなく、人間の悲しみの辛い現実に直面することができるのです。

わたしにとってシスター・ヘレン・ダビデの十字架の道行きを黙想することができたのは、大きな恵みでした。これらの絵が遠く離れたところに住む人々の苦難に対する罪の意識を呼び覚ましてくれるだけでなく、ここに描かれている男や女、子どもたちの世界と、わたしたち自身の破壊された人間世界を結び合わせるためにも描かれたということに、わたしはもっとも感動しました。イエスの苦難と復活の体を通して、人類は結びつくことができるのです。イエスのうちに、イエスを通して、わたしたちの世界はひとつになります。なぜならイエスは神の愛のうちにわたしたちを抱かれ、イエスと父がひとつであるように、わたしたちもひとつであるようにと望まれているからです（ヨハネ一七・二二）。

第三世界とわたしたちの世界、富んだ者と貧しい者、健康な者と病んだ者、遠くの人と近くの人、体に苦しみを負っている人とその存在の根源で苦しんでいる人、それぞれの間にある壁をとりこわしたいと望まれるイエスに注目して、わたしはこれらの黙想を書きました。イエスのこころのなかには、人間の苦しみの度合や深さを比較するような場所はありません。誰がより苦しみ、誰の痛みが最悪なのか、思いわずらうことからは何も生まれてきません。イエスは一人ひとり異なるすべての人のために死なれ、すべての人のために甦られました。ですから、すべての人がイエスとともに神の輝きのなかへと引き上げられるのです。

わたしたちを囲むひろい世界には、計り知れない痛みがあります。わたしたちのうちなる小さな世界にも、計り知れない痛みがあります。しかしすべての痛みは、イエスが受け取ってくださいます。その傷を身に帯びておられるゆえに、わたしたちの主だと分かるイエスの栄光を受けた傷。わたしたちの痛みは、イエスによってその栄光を受けた傷へと変えられていくのです。

この絵を見つめ、この本を読むすべての人々がイエスの苦難と復活を通して、今までより以上に深く、神の現臨のなかに、また世界のいたるところにいる兄弟、姉妹のなかに入っていけるようにと祈ります。

目次

序

わたしはイエスとともに歩く

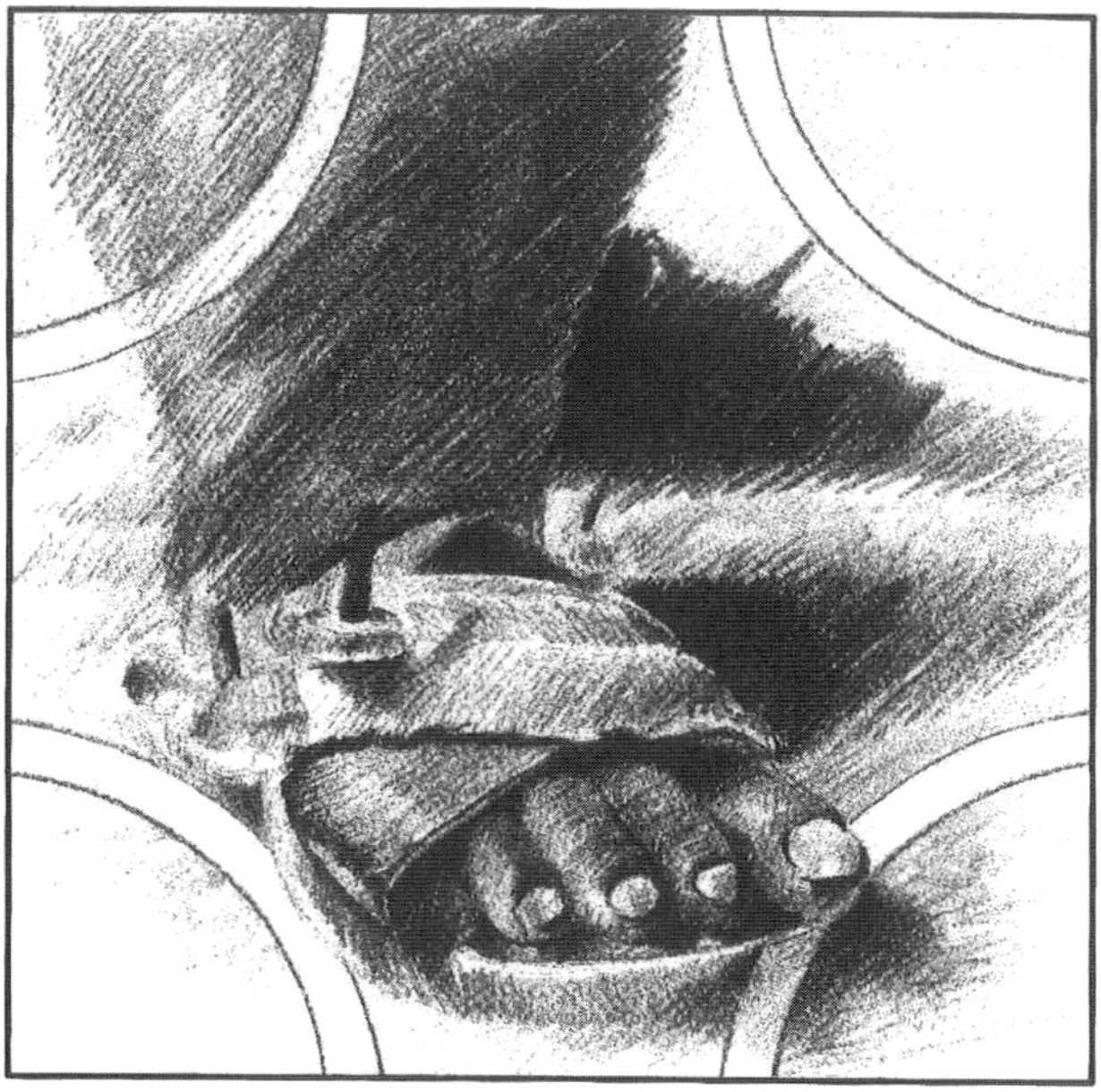

貧しい人々のことを想うとき、わたしの脳裏に浮かんで来るのは、重い荷を肩に背負って道の傍らを歩く姿です。市（いち）へ、畑へと朝の早い時刻に、歩いていく人々のことを思い出します。何かを売りに、何かを買いに、仕事を見つけに、あるいはその日一日を暮らすに足るものを与えてくれる人に出会うために、人々は歩いていくのです。ときには裸足で、ときにはぼろぼろのサンダルを履いて歩く人々の姿。その人たちを眺める自分は車の中に坐っている…わたしはある後ろめたさを覚えました。

ボリビア、ペルー、グアテマラのほこりっぽい道で、わたしはその人々を見かけました。今もわたしのこころの目には彼らの姿が浮かんできます。貧しい人々は、世界の道の傍らを歩いています。重い荷を背負って、生き残ろうと今日も歩いているのです。

わたしは今まであまり「歩く」生活をしてきませんでした。ひとつの場所から他の場所へと移動するときには、いつも飛行機、汽車、車、バスが運んでくれました。わたしの足は、地球のほこりに触れるということがほとんどありませんでした。いつも楽をさせてくれる車輪がありました。わたしの住んでいるところでは、歩く人はそんなにいません。道を尋ねるにも歩いている人がいないのです。人々は動く四角い箱の中に閉じこもって、お気に入りのカセットテープを聞きながら、あるひとつのところから次のところへと移動します。ときたま人に出会うのは、駐車場かスーパーマーケット、ファーストフードの店くらいです。

しかし、イエスは歩かれました。そして今も歩いておられます。村から村へと歩かれ、イエスは貧しい人々と出会われます。物乞いに、目の見えない人に、病気の人、嘆く人、希望を失った人々に出会われます。この地に、ごく近く留まっておられます。昼の暑さを、夜の寒さを感じておられます。枯れて消えいく草を、岩だらけの土を、とげだらけの灌木を、実を結ばない木を、野の花を、豊かな収穫をご存じです。イエスはよく歩かれるのでご存じなのです。その体で季節の厳しさを、生命力を感じておられます。ともに歩かれる人に注意深く耳を傾け、同じ道を歩く本当の仲間として、ある力をもって語りかけられます。イエスは厳しく、と同時に慈しみ深く、聡明で、とても穏やか。ときに過酷な要求をされるけれど寛容な方、徹底的に追及される方、そして人を大切にされる方です。イエスは鋭く切り込まれますが、その手は癒しの手です。イエスは引き離されますが、それは成長するための分かちです。イエスは否定されます、肯定を可能にするために。そして歩かれるその地に、深く関わっておられます。イエスは自然の力を観察され、そこから学び、教えられます。そして貧しい人々に良き知らせを、目の見えない人に視力を、囚われた人に解放を告げ知らせるためにイエスを送られた方が、すべてのものの創り主である神ご自身であることを示されるのです。

道を、砂漠を、この世界の荒れた場所を歩く貧しい人々は、謙虚になるように、とわたしを招いています。謙虚—humility—ということばは、ラテン語のhumusからきています。これは土、土壌を意味することばです。わたしは土に、土壌に近く留まらなければなりません。わたしたちを覆っている雲を眺めて、その向こうに少しは今よりも開けた世界の到来を夢みることがあります。けれども、自分の立っている足元の土壌に目を向け、長い厳しい道のりを一緒に歩こう、とわたしを招いている人々に、繰り返し目を向けることがなければ、わたしの夢はけっして実を結ぶことはないでしょう。貧しい人々とともに歩むとは、いったいどういうことなのでしょうか？　それは自分自身の貧しさを認めることです。わたしの深いところにある破れ、飢え、力のなさ、いずれは死ぬ自分。これらをしっかり見つめることでわたしは土と結びつき、そこで本当に謙虚になれます。そうです、そこではじめてこの地球を歩くすべての人々と連帯できるのです。そして、わたし自身もたいへん壊れやすい、貴重な人間として愛されている、ということを発見できるのです。

イエスは受難に入られる前に、「ご自分が神のもとから来て、神のもとに帰ろうとしていることを悟り…弟子たちの足を洗い、腰にまとった手ぬぐいでふき始められた」(ヨハネ一三・四―五)。

「ことば」はわたしの疲れた足を洗うために人となられました。わたしが土に触れるとき、そこで、神はわたしに触れられます。天に向かって伸びようとしているわたしの体と、地の土が結びつくところで、神はわたしに触れられるのです。主はわたしの前にひざまずかれ、その手にわたしの足をとって洗ってくださいます。そこで主は目を上げられ、わたしを見つめ、目と目があったときにこう尋ねられます。

「わたしがあなたにしたことが分かるか?　…あなたの主であり、師であるわたしがあなたがたの足を洗ったのであれば、あなたも兄弟、姉妹の足を洗わなければならない」(ヨハネ一三・一二―一四)。

十字架に向かって長く苦しい旅をつづけるときに、わたしは隣人の足を洗うために、途中で立ちどまらなければなりません。兄弟姉妹の前にひざまずき、その足を洗い、その目を見つめるとき、わたしと一緒に歩いてくれるこの兄弟、姉妹がいるからこそ、この旅をつづけることができるのだ、と気づかされます。

I

イエス有罪を言い渡される

獄中のひとりの男。この人は死刑を言い渡されました。彼は「呪われた者―永久に有罪を宣告された者」というカテゴリーに入れられてしまったのです。もはや生きるに値しない者と見られています。社会の敵、反逆者、アウトサイダー、危険人物になってしまいました。彼は抹殺されねばならない、人々の共同生活から切り離されねばならない人物なのです。

なぜ？　他の人と違っているという理由で。この男は黒人、黒人は危険。彼はゲイ、ゲイは人を邪道に導く。彼はユダヤ人、ユダヤ人は信用できない。この人は難民、難民は社会経済を脅かすから。彼はアウトサイダー、聞きたくないことを話し、忘れてしまいたいと思っていることを思い出させるから。この人は、わたしたちの規律ある生活をひっくり返す。汚れた部分を隠している覆いを引き裂き、わたしたちを守っている壁をこわす。

この男は言います。

「わたしたちは同じ人間だ、同じ神の子どもたちだ。神の大事な息子、娘として同じように愛されている。同じ家に住み、同じ父を持ち、一緒の食卓で食べるようにと定められている」。

彼は言います。「アパルトヘイト（人種差別）は神のご計画ではない。一致と交わりこそが神のご計画だ」。

その声は、黙殺されなければなりませんでした。それは、ものごとのすすめ方をだいなしにする発言だからです。家族の生活、社会生活、ビジネスライフの邪魔になるのです。彼の発言は無秩序を生み出し、大混乱さえ巻き起こすでしょう。人生は今のままだって十分複雑です。こんなにも注意深く築き上げてきた繊細な人間関係の網をこわす預言者など、わたしたちは必要としていません。一人ひとりは自分のことのみを考え、神さまは、わたしたちすべての人々のことを考える―この処世訓にしがみついていましょう。そうすれば痛みは最小ですみ、快適さが保証されるのですから。

イエスはピラトの前に立たれます。イエスは黙しておられます。告発されている多くの罪に対して弁護もなさいません。しかしピラトが「いったい何をしたのか」と尋ねたときにイエスは答えられます。「わたしは真理について証しをするために生まれ、そのためにこの世に来た。真理に属する人は皆、わたしの声を聞く」（ヨハネ一八・三五―三八）。

イエスが語られる真理は、論理でもなければ教理でもなく、現実を学問的に説明するものでもありません。イエスが語られる真理とは、このまったき関係、つまりイエスと父とのあいだの生命（いのち）を与えあうほどの親しさ、その親しい関係をさしています。イエスは、わたしたちにも、ここにともに加わってほしい、と望んでおられます。

ピラトはその声を聞くことができませんでした。イエスにつながっていない者は、誰もイエスの声を聞くことはできません。しかしイエスとの交わりに入った者は、誰であれ真理の霊を受けるでしょう。その霊は、わたしたちが生きる現代社会の欲望や執念から、わたしたちを解き放ってくれます。そしてわたしたちを神の内なる生（いのち）に連なる者としてくれます。開かれたこころと、注意深い精神をもってこの世に生きることを可能にしてくれるのもこの霊です。イエスとの交わりのなかで、わたしたちは聖霊の声を聴くことができ、獄中にいるいないにかかわらず、遠く広く旅することができるのです。なぜなら真理、つまり真（まこと）の関係、本当に連なっている、ということは、暗闇の力が取り去ることのできない自由を与えてくれるからです。

イエスは神に結ばれていたので、もっとも自由な方でした。ピラトはイエスを有罪に定めました。ピラトはイエスを愚か者のひとりにしたかったのです。しかしそれはできませんでした。イエスの死は死刑による死ではなく、完全な真理への道、完全な自由へとつづく道になりました。

わたしは神に属すれば属するほど、より多く非難されることを知っています。この世の非難は真実を現します。

「義のために迫害される人々は、幸いである、
　天の国はその人たちのものである」（マタイ五・一〇）。

このことばを信頼しなければなりません。世間がわたしを憎み、正当にわたしを取り扱ってくれないとき、押しやられ、あざ笑われ、隅に追いやられたとき、そのときはじめて、わたし自身が獄に入れられ、金網をはりめぐらされ、人里離れたキャンプに閉じ込められている世界のいたるところに存在するコミュニティーの一部分であることを見いだすのかもしれません。

わたしは真理に飢えています。イエスが体験なさった親しい神との交わりに飢えています。しかし、この飢えが満たされるときは、必ず非難され、背負うべく重い十字架を与えられるときです。ペテロとヨハネ、パウロとバルナバ、ヤコブとアンデレがそうで

した。誰にもましてイエスの母マリアがそうでした。この世の中で真理を生きることを選んだために、彼らの喜びと悲しみは一つのものとなりました。背負う十字架を与えられることなしに、このことは起こりえません。しかしながら同様に、鉄格子や絞首刑をも超える神のいのちを今生きているという、とてつもない喜びなしにも、このことは起こりえないのです。

そう、確かに獄中にいるこの男の目には恐れがあります。しかし、そこには確信、信頼、希望、そして自由を知る深い知識もあります。彼の目とわたしの目には、この世が見ることのできないものが見えます。わたしたちの恐れを超えたはるか遠くから、とだえることのない愛の地へと、わたしたちを呼ぶ苦しむ神の顔が見えるのです。

Ⅱ

イエス十字架を背負う

グアテマラの若者が重い木材をかついでいきます。この木材は、誘拐され殺され、その遺体が道端で発見されたインディオの男たちを葬るため、あるいは生まれてすぐに、病気で死んでしまった幼子たちを埋葬するための棺（ひつぎ）に使われます。何年も前にこのような事件が起こったとき、国際メディアは大変な憤りを持って報じました。しかし、もはや誰も取り上げようとせず、世界の目は向けられないままです。けれども、今日も同じような事件はあちらこちらで起こっているのです。

若者が銃で、刃物で、電気棒で殺されています。幼い子どもたちが栄養不良で、脱水症状で、また必要な保護を受けられずに死んでいきます。来る日も、来る日もグアテマラ、ボリビア、ペルー、エチオピア、スーダン、バングラデシュなど、数え切れないほど多くの国の小さな村で、暴力と貧困が死をもたらしています。

頭と肩に重い荷をかついだこの若いインディオの男の顔が、わたしの脳裏に焼きついて離れません。目はほとんど閉じられ、額には深い悲しみのしわが刻まれ、その顔はすでに年よりの顔です。死と隣り合わせにいながらも、そこには何ともいえない威厳、落ち着き、そして自分が誰であるのかを知っている深い知識が感じられます。彼の口は多くを語りません。そのこころは静かです。骨ばった体はすでに何十年も生きてきたようです。わたしがかなりの年まで生きたとしても、酷使されてきた彼の体と同じくらい「生きた」とはいえないでしょう。彼は人類の十字架を背負っています。

「彼は多くの痛みを負い、病を知っている」(イザヤ五三・三)。

すぐにでも一台の車が止まり、銃を持った男たちが彼を縛り上げ、ひきずっていき残酷な拷問にかけたのち、裸で道端にほうり出すかもしれないのです。それを重々承知で、彼は歩きつづけます。友人の棺にする木材をかついで、歩きつづけます。

ピラトはむち打ちにするためにイエスを引き渡しました。兵士たちは「イエスの着ている物をはぎ取り、赤い外套を着せ、茨で冠を編んで頭に載せ、また右手に葦の棒を持たせて、その前にひざまずき、『ユダヤ人の王、万歳』と言って侮辱した。また、唾を吐きかけ、葦の棒を取り上げて頭をたたきつづけた。このようにイエスを侮辱したあげく、外套を脱がせて元の服を着せ、十字架につけるために引いて行った」(マタイ二七・二八―三一)。

イエスはすべてのことを経験されました。そして今や、ご自分から行動を起こすときは去りました。イエスはもはや語ろうとはされません。反抗なさることも、責めることも、人々を諭されることもありません。イエスは被害者となられました。行動を起こすのではなく、起こされる行動の対象となられたのです。イエスは受難に入られました。受難を受ける立場に立たれたのです。イエスは、ほとんどの人生が受難であることをご存じです。人々は飢えさせられ、誘拐され、拷問にかけられ、殺されているのです。人々は獄に入れられ、家から引ったてられ、家族と離され、キャンプに入れられ、強制労働にかりだされています。理由は分かりません。どうしてこうなってしまったのか、彼らにはその原因が理解できません。だれにも説明はできないのです。彼らは貧しい。イエスがその肩に十字架を感じられたとき、あとにつづく世代のあらゆる痛みが彼を押しつけているのを感じられました。そのとき、この若いグアテマラの男の顔をイエスはご覧になり、大いなる憐れみを持って愛されたのです。

わたしは自分の無力さを感じています。何かしたいのです。何かしなければなりません。少なくとも暴力に対して、栄養失調に対して、抑圧や搾取に対して声を上げなければなりません。さらに、一歩進んで、わたしが見ている痛みを軽減する行動を、なんとか起こさなくてはなりません。しかしさらにむずかしいことがあります。それはわたし自身の十字架をかつぐという仕事です。寂しさ、孤独という十字架、わたしが経験する拒絶という十字架、抑鬱、内なる苦悶というわたし自身の十字架を担う仕事があります。遠くにいる人々の痛みを嘆くことで、活動家、あるいは人民の弁護者にはなれるかもしれません。しかし、わたし自身の痛みを担うことができなければ、イエスに従う者にはなれません。抑圧に苦しむ人との絆は、わたし自身が自分の孤独を進んで苦しむことを通して、はじめて現実となるのです。ときどきわたしたちは、他人のことを心配することで、自分の担うべき重荷を避けようとしてしまいます。しかしイエスは言われます。「疲れた者、重荷を負う者は、だれでもわたしのもとに来なさい。休ませてあげよう」(マタイ一一・二八)。

わたしは、自分と木材をかついでいるこのグアテマラの男との間に、橋をかけることのできないほどの広い溝があるのだ、と感じているのかもしれません。しかし、イエスはわたしと、この男のどちらのためにも十字架をかついでくださいました。その意味で、わたしたちはともにお互いに属すると同時に、ともにイエスに属しているのです。それぞれの十字架をかついでイエスに従わなくてはなりません。そうして、わたしたちは謙虚でこころの穏やかなイエスから学んでいる真の兄弟同士であることを発見しなければなりません。そうすることによってのみ、新しい人間愛は生まれます。

Ⅲ イエスはじめて倒れる

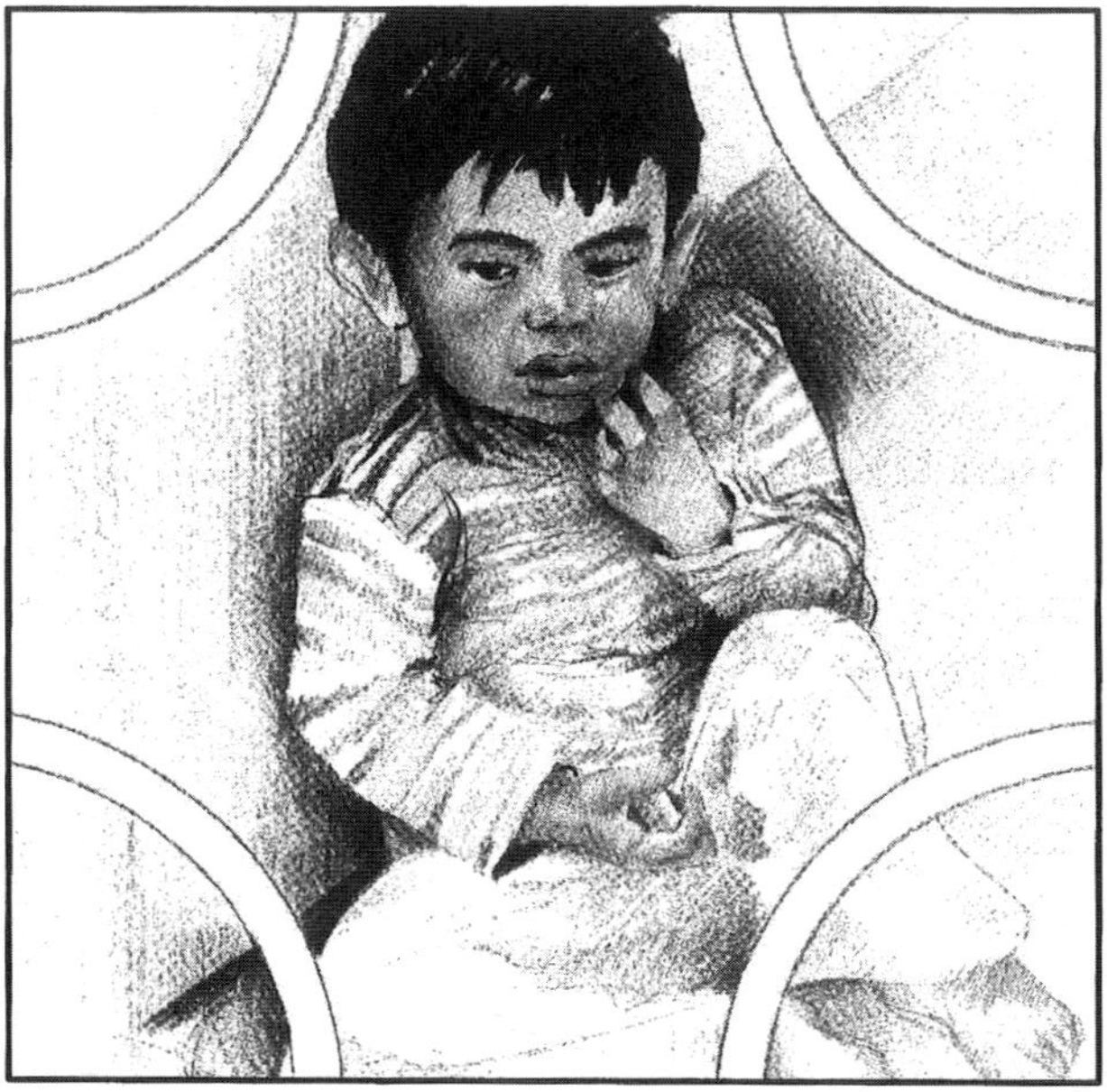

この小さなベトナムの幼児は、ひとり取り残されてしまいました。なぜ？　おそらく両親が殺されたか、連れ去られたか、収容所に入れられてしまったためです。敵から逃れようとして、待ち伏せにあってしまったのかもしれません。あるいは難民で、その船が沈んでしまったのかもしれません。おそらく、たぶん…。そしてこの子はひとりぼっちで残されました。むなしい未来を見つめるようなこの子の瞳に見入るとき、そこには暗闇の力によって押しつぶされた何百万という子どもたちの瞳が見えます。

この小さな弱い子どもは、彼を抱きしめ、口づけし、一緒に寝てくれる人を求めています。父親の愛情豊かな強い手を感じ、母親のやさしいことばを聞き、「なんておまえはかわいいのだろう」と言ってくれる人の目を見つめることが必要なのです。どこがこの少年にとって安全な場所なのでしょう。どこで彼は本当に自分は愛されている、と知ることができるのでしょう。怖くなったとき、どうしてよいか分からなくなったとき、いったいどこへ走っていったらいいのでしょうか。どこに行けば自由に涙を流し、痛みを受けとめてもらえ、怖い夢を追い散らしてもらえるのでしょう。誰が足の裏をくすぐったり、その手を握りしめてくれるのでしょう。ほおをなでてくれるのでしょうか。この子は弱々しく、淋しく、忘れられて坐っているだけです。もはや未来に希望をもたない人類全体から置き去りにされているのです。

子どもたちは世界中で暴力、戦争、破壊、人間の苦悶という重しの下敷きになっています。子どもたちは飢えています。食べるものに、愛情に飢えています。施設の冷たい廊下に坐って…誰かが注意を向けてくれるのを待っています。自分の欲望を満足させるために子どもたちを利用する見知らぬおとなと寝ることもあります。ひとりで、あるいは群れをなして生き残ろうと大都会を放浪します。世界にはこのような子どもたちが何千、いや何百万といるのです。その子どもたちは、いまだにこの声を聞いたことがありません。

「あなたはわたしの愛する子、わたしのこころに適う者」（ルカ三・二二）。

わたしたちの堕落した人間社会が、こんなにも痛々しくあらわれているところは他にありません。わたしたちの罪を、この子どもたちがわたしたちに示しているのです。ひとりぼっちで見捨てられ、子どもたちは語りかけます。あなたたちは、子どもさえ愛する恵みを失ってしまった…と。

この子どもたちが大きくなったとき、いったいどうなるのでしょうか？　いのちがけで復讐するために銃を手にするのでしょうか。あるいは精神病院の一室にひきこもり、一生口を開かずに過ごすのでしょうか。それとも危険分子として鉄格子の向こうに入れられ、鍵をかけられてしまうのでしょうか。テロリスト、ギャングのリーダー、麻薬の手配師、ぽん引き、売春婦になってしまうのでしょうか。それとも人間のしかけるすべての罠を超えたところで、彼らを安全に支え無条件に愛を与える手があることを発見できるのでしょうか。

イエスは十字架のもとに倒れられました。そして今も倒れつづけておられます。イエスは屈強な決意と、鉄の意志をもって苦しみに耐える勝利の英雄ではありません。神の子として、またマリアの子として生まれ、羊飼いと博士らが拝礼したイエスは、闇の力を打ち負かし偉大な勝利へと人類を導いていきたい、という誇りに満ちた指導者に一度としてなられたわけではありませんでした。イエスが成長しておとなになったとき、悔い改める男や女と一緒になってヨルダン河で洗礼を受けられるほど謙虚でした。そのときでした。こころの奥ふかくまではいってくるその声を聞かれたのは。

「これはわたしの愛する子、わたしのこころに適う者」（マタイ三・一七）。

この声ゆえにイエスはその生涯をまっとうすることができたのでした。苦々しさ、ねたみ、拒絶、復讐からイエスを守る囲いとなったのはこの声でした。イエスはいつもひとりの子どもとして留まり、従う者たちに言われました。

「こころを入れ替えて子どものようにならなければ、決して天の国にはいることはできない」(マタイ一八・三)。

イエスは人間の苦悶、無力で弱く、そしてとても傷つきやすいという人間の苦しさ、その重い十字架の下に倒れる罪なき子どもです。しかし、ここでわたしたちは、すべての子どもたちを抱く神の憐れみ、そのこころの神秘に触れることができるのです。

わたしは自分がひとりの子どもであることを知っています。成し遂げたすべての業績や成功などの下に隠れて無条件に愛されたい、と叫びつづけるひとりの子どもです。同時にわたしは、もうひとつのことを知っています。自分の内なる子どもと接触しなくなると、イエスとも、またイエスに属するすべての人たちとも関わることができなくなってしまうということを。自分の内なる子どもに触れるたびに、安全な場所を与えてくれる人はどこにもいず、ひとり取り残されるという恐れ、無力感に触れるのです。

イエスはわたしが自分の内なる子どもを取り戻すことができるようにと十字架のもとに倒れられます。内なるわたしの子どもとは、内なる場所。そこでは自分はどうすることもできません。ただ引き上げられ、安心したい、という必死な思いがあるのみです。世界の見捨てられた子どもたちは、わたしの中にいます。イエスは恐れるな、と語りかけられます。わたしのこころの中で彼らと向き合い、ともに苦しめと。拒絶と破棄のすべての感情を超えた向こうに、愛が、真実の愛が、永遠につづく愛があることを発見せよ、とイエスは望んでおられます。その愛とは肉体をとられたひとりの神、ご自身の子どもたちをけっしてひとりにはしておかれない方、その方から出る愛です。

Ⅳ

イエス、マリアと出会う

戦争で息子を亡くしたこのニカラグアの女は、深い悲しみでいっぱいです。けれども気を失ってはいません。彼女は死の向こう側には勝利がある、という強い確信をもった目でわたしたちをまっすぐに見つめています。

わたしは、ヤルパで殺されたニカラグアの農民の母親たちに出会った日のことをはっきりと憶えています。ヤルパとはホンジュラスとの国境近くにある小さな町です。わたしは北米人のグループと一緒でした。彼らは、この農民たちを犠牲にした戦争にともに責任があると感じていました。

ひとりがその母親たちに尋ねました。「わたしたちを赦すことができますか？　わたしたちは、あなたとご家族が苦しめられている暴力に荷担しているのです」。長い沈黙がありました。そこでひとりの女が強い声で言いました。「はい、わたしたちは、あなたたちを赦します」。そして他の女たちも同じことばを繰り返しました。「はい、赦します」。

グループの別なひとりが尋ねました。「けれども、わたしたちの国が負わせた経済制裁による長年にわたる苦しみや痛みを思うときにも、あなたたちは赦せますか?」ふたたび答えがありました。「はい、わたしたちは赦します」。

そこでまた違う声があがりました。「では、長年にわたって安い労働や、安い果物を買って、まるであなたがたを自分たちの裏庭のように扱い、搾取した事実に対してはどうですか?」答えは同じでした。さらに強いものでした。「はい、わたしたちはあなたたちを赦します。そしてわたしたちの子どもの死が無駄ではなかったことを証しするために、より良い社会がくるように、一緒に働いてほしいのです」。

わたしは罪意識と赦しのやりとりを聞き、この信仰の人たち、女たちの目に見入りました。そして彼女たちが、戦争ではなく平和を、絶望ではなく希望を、報復の代わりに赦しを捧げつづけている世界の数千人もの女たちを代表していることに気づいたのでした。レニングラード、ベルファスト、テヘラン、そして数え切れないほどのさまざまな町や村の女たちが子どもたちの死を悲しみ、その悲しみが憐れみと癒しを豊かに生みだす土壌となっていきます。

処刑場へとひかれていく途中で、イエスは母親と出会われました。マリアは気を失いませんでした。

彼女はイエスの目に見入り、イエスの「時」が来たことを悟りました。カナでマリアが助けを求めたときに、ある距離をもってイエスはお答えになりました。

「婦人よ…わたしの時はまだ来ていません」(ヨハネ二・四)。

しかし今、イエスの悲しみとマリアの悲しみは交差し、出会いました。そして神のご計画が成就される「時」が来たことを深いところで知ったのでした。まもなくマリアは十字架のもとに立ち、イエスは愛する弟子ヨハネにマリアを託すことになります。

「これはあなたの母です」(ヨハネ一九・二七)。

マリアの悲しみは、彼女をイエスの母親としただけではなく、すべての苦しむ子どもたちの母ともしたのでした。彼女は十字架の下に立ちました。そしてそこに今も立ちつつづけています。そして受けた痛みに対して報復、復讐、あるいは絶望で応えようとする人々の目をみつめています。

彼女の悲しみは、すべての子どもたちを包みこむこころとなりました。子どもたちがどこにいようと彼女は、母親の憐れみと慰めを与えつづけます。

マリアと悲しみのうちにあるすべての母親を見るとき、ひとつの疑問がわたしの内から起こってきます。「あなたは痛みの中に立ちつくし、こころから赦しつづけることができるのですか?」と。

わたし自身が傷ついています。裏切られ、見捨てられ、また自己否認によって傷ついています。自分のまわりにいる人に、また遠くにいる人に手を伸ばし痛みを取り去りたいと思っても、それができない自分の無力さによっても傷ついています。しかし同時に、すべてのことを避けたい、という誘惑に絶えずかられます。不平を言ったり責めたりすることで逃げたい、あるいは自分を絶望の犠牲者としたり、いずれ破滅がくる、と予言する者になってしまうことで関わりを避けたいと思ってしまうのです。

イエスの目を見つめ、苦しんでいる彼の痛みで押しつぶされるのではなく、まずその痛みをわたしのこころに受けとめること。そこから憐れみ―ともに痛み苦しむ―という果実が生み出されるのです。ここにわたしへの本当の招きがあるのです。

長く生きれば生きるほど、わたしはより多くの苦しみを見、より多くの苦しみを見れば、より多くの悲しみを経験させられることは分かっています。でもこの深い人間の悲しみが、わたしの傷ついたこころと、人々のこころを結びあわせてくれます。苦しみの結びつきという神秘のなかに希望が隠されています。

イエスの道は人類の悲しみ、苦しみのこころへと入っていく道です。その道はマリアが選んだ道であり、多くのマリアたちが今も選びつづけている道です。戦争は起こり、去り、そしてまた起こるでしょう。抑圧者が登場し、消え、また登場します。抑圧者に抵抗し、平和を求めて闘うためにできるかぎりのことをしているときでさえ、わたしのこころはこの現実を知っています。しかし、これらすべてのただ中でわたしは細くなっていく道を選びつづけなければなりません。その道は希望の道です。この世界に生きる悲しみに満ちた女たちが、その道を歩むわたしの道案内です。

V
シモン、イエスの十字架をかつぐ

バングラデシュ、ふたりの男が小さな小屋を建てるために一生懸命に働いています。小屋はとても素朴で、土、竹、岩、そしてジュート棒でできています。どんなに粗末であっても、これが自分たちの家だ、という気持ちを持って、身を守ってくれるひとつの屋根の下で人々はともに暮らしています。ふたりの男が重い石の荷を一緒に運んでいるのを見ると、彼らの体の動きの調和に感心します。まるで彼らはダンスをしているように見えます。彼らの運ぶ重い荷は、果物をいれた軽いかごのように見えるのです。

一方で、わたしが住んでいる競争社会のことを思います。そこでは土地の値が日に日に高くなり、五〇万ドルで売られる家を開発業者が競って建てています。このような社会に住んでいると、この「ダンサーたち」にある種のねたみを感じてしまいます。彼らが建てている家はとても簡素です。セメントでも木の床でもなく、テーブルやイス、タンスなどはないかもしれません。それでも、そこには家族や友人にとって安全な場所があり、なにか貴重で神聖なものをともに創りだしている、という深い意識があることでしょう。

お金もちはお金をもっています。貧しい人々は時間をもっています。わたしたちは、いつもひとつの場所から他の場所へとかけずり回り、次から次へと行動し、お金で買えるすべてのものを忙しく追いまわします。けれども本当の意味でだれかと一緒にいる、と感じることがめったにありません。わたしは貧しい人々の中に、ともに働き、ともに食し、ともに遊び、ともに祈る、という芸術ともいえるような風景を何度も見たことがあります。

明るい笑顔、奔放な笑い声、たくさんの感謝のことばに出会いました。そこにはいつもたっぷりとした時間と、当てにできるものは少ししかなくても、愛すべき人がいつも大勢いるという深い信頼感があるようでした。

イエスがゴルゴタの丘へ十字架をかついでいくときに、兵士たちはシモンというクレネ出身の男に出会いました。そしてイエスがひとりで十字架を負うことが困難になっていたので、その男に十字架をかつがせるための協力を求めました。イエスは処刑の場まで十字架を運んでいくことができなかったので、その使命を果たすために、わたしたちを必要としておられます。その十字架をイエスとともに、またイエスのためにかつぐ人々を必要としておられます。イエスは父の家への道を示すために来られました。わたしたちに新しい住まいを提供するために、あらたな帰属意識を与えるために、また、真の安全とは何かを指し示すために、イエスは来られました。しかしながらイエスひとりではおできになりません。困難で多くの痛みに満ちた救いの働きは、神が人間に頼るものとなられる働きです。そうです。神は力と栄光と威厳に満ちておられます。それにもかかわらず神はわたしたちの中にあって、わたしたちの内のひとりとなることを選ばれました。イエスを剣で守ろうとした弟子たちに向かって、イエスは言われました。

「剣（つるぎ）をさやにおさめなさい。…わたしが父にお願いできないとでも思うのか。お願いすれば父は一二軍団以上の天使を今すぐ送ってくださるであろう。しかしそれでは、必ずこうなる、と書かれている聖書のことばがどうして実現されよう」（マタイ二六・五二―五四）。

イエスの道は無力、依存、受難の道です。イエスは子どもとなり、マリアとヨセフ、そして多くの人々の愛情と世話に頼り、その地上の旅路を完全な依存のうちに成し遂げられました。イエスは待つ神となられます。イエスは待たれます。人々がどうしようとするのか、と思い巡らしながら。イエスは裏切られるのでしょうか。それとも非難されるのでしょうか。見捨てられ、処刑されるのでしょうか。それとも人々が彼に従ってくるのでしょうか。彼のそばにつき従うものはひとりもいず、十字架につけられるのでしょうか。それとも誰か、イエスが十字架をかつがれるのを助けるのでしょうか。イエスが世の救い主となるためには、イエスとともに喜んで十字架を背負う人が必要とされます。ある人々はみずから進んで、ある人々は「呼び出されて」、しかし一旦その木の重さを感じた人は、それが軽い荷であり父の家へと導く負いやすいくびきであることを発見します。

わたしは自分の中に、人生は自分の力だけで生きたい、という欲求があるのを感じます。事実わたしが住んでいる社会は自分の行く先を自分で決め、目標を定め、自分の願望を満たし、自分の王国を築きあげる自力のある人を賞賛します。霊的な成熟とは、すすんで他人に導かれ、「行きたくないところにつれていかれる」（ヨハネ二一・一八）ことだ、とこころから信じるのは大変むずかしいことです。しかし、自己満足という偽りの欲求をすすんでうち破り、あえて助けを求めるときには、必ず新しいコミュニティー（共同体）が出現するのです。この共同体とは弱い人々の集まりです。けれどもこの破れのある社会にあって、自分たちは希望の民となりうるのだ、という強い信頼感で結ばれた仲間です。

クレネのシモンは新しい交わりを発見しました。弱いときにわたしに触れてもかまわないと、こころを許す人々や、わたしが神の家へと向かう旅路に忠実であるよう助けてくれる人々は、新しい発見をするでしょう。それは長い間自分たちのなかに隠されていた贈り物を発見することなのです。

助け、支援、道案内、愛情、世話を受けることは、これを与えるよりも大きな招きなのかもしれないのです。なぜなら受けることにおいて、与えてくれた人にその贈り物を示し、また新しい人生をともにはじめることができるからです。

このふたりのバングラデシュの男たちは、ただ一緒に働いているというだけではありません。彼らは共有する人間愛―ヒューマニティーを祝い、そして新しい家を準備しています。これこそ、すべての人々に対するイエスの呼びかけです。その呼びかけは、しばしば貧しい人々を通じてわたしたちのところに届いてきます。

Ⅵ

イエス、ヴェロニカと出会う

「彼を家に帰して！」行方不明の夫の写真を手にしたフィリピンの女の叫びです。彼女の目は哀れみを求めています。そのくちびるは深い悲しみを表しています。にもかかわらず、その顔は期待でいっぱいです。彼女は言います、「あなたにはわたしの傷が見えますか。わたしの苦悶が見えますか…。わたしがもっとも愛している人が消えてしまいました。この突然のできごとが起こってから、昼夜を通して苦悶に満ちていない瞬間は、いっときたりともありません。彼はどこにいるのでしょう。刑務所？　拷問にあっているのでしょうか。死んでしまったのでしょうか。生きているのでしょうか。どうぞわたしに答えてください。もし死んでしまったのなら、彼の墓がどこにあるのか教えてください。そうすれば、そこに出かけて行って泣くことができるでしょう。世界中のみなさん、わたしの言うことを聞いてください。わたしを見てください。わたしに答えてください」。

このフィリピンの女は、夫や息子たちが突然消えてしまい、二度と姿を見せない、という同じような境遇にある何千人もの苦しむ女たちを代表しています。アルゼンチンに、グアテマラに同じような女がいます。アメリカ合衆国、カナダにも、このような女たちがいます。この女たちは人類の受ける最も深い傷を表しています。残酷に引き裂かれた人と人との絆、両親と子ども、夫と妻、兄弟と姉妹たち。大きな塊となって激動的に移動していく人々、人であふれかえった難民キャンプ。国家と国家の、あるいはひとつの国内での戦いが、人類の歴史で今までになかったほど多くの人をばらばらに散らしています。自分の思いに反して場所を移動しなければならない散らされた人類の現実がここにあります。

ヴェロニカはイエスとともにいました。イエスが教えられ、神の国を宣べ伝えておられたときに、ヴェロニカはその場にいました。しかし今、彼女の傍らから残酷に引き立てられていくイエスを見ることになりました。ヴェロニカは嘆きと苦悩で押しつぶされそうになりながらも、何かしたいと思ったのでした。イエスが彼女の近くにおられるのを見たときに、群衆をかき分けて、汗と血で汚れたイエスのみ顔を自分のベールでおおいました。この愛と悲しみから出た彼女の行為に、イエスはご自分の顔の形をそこに残されることで応えられたのです。混乱させられた人類を表すその形を。イエスの顔は別離、隔離、そして強制退去に苦しむ男や女の顔です。ヴェロニカは悲しみの女です。大きな痛みがそのこころを刺し貫いています。その悲しみは数え切れないほどの国、民族、社会状況のなかで生きる世界中の女たちが経験している悲しみです。苦悩に満ちた問いが、その悲しみを表しています。「なぜあの人たちは、わたしの子どもを、夫を、友達を連れ去ったのですか」。この問いが、わたしたちの生きる世界の隅々にこだまする叫びのように聞こえてきます。

自分のもっとも深いところにある叫びが、わたしには聞こえているでしょうか。わたしのへやの壁は、友人や家族の写真、イエス、マリア、聖人たちのイコンで埋め尽くされています。けれどもわたしのこころの深いところには言いようのない痛みがあるのです。それは不在によって引き起こされた痛みです。一番一緒にいたい人がわたしのところにいない、あるいは一緒にいたとしてもお互い相手の一番深い欲求に手が届いていない。ヴェロニカの痛みは、わたしの痛みでもあります。わたしには交わりを求める深い帰属願望があり、親密さをしきりに求めているのですが、どこに行こうと誰と会おうと、そこで不在、断絶、孤独をいつも経験してしまうのです。剣（つるぎ）がすべての交わりを突き刺し、すべての親しい関係に痛みを加えるかのようです。壁にかかっている写真は交わりに渇いているわたしを表しています。大きな愛をもってこれらの写真をながめるときに、計り知れない痛みが湧き起こってくるのを感じます。

「どうして彼と話せないのだろう。なぜ彼は手紙をくれないのだろう。仲直りをしないうちに、どうして彼らは死んでしまったのだろうか。なぜお互いに守られていると感じられないのだろう」。そしてイエスのイコンの前にろうそくを灯すとき、イエスのまなざしのなかの永遠に見いって尋ねます。

「いつ、主よ、いつ、あなたはわたしのこころのもっとも深い望みを満たしにおいでくださるのでしょうか」。

キリストの顔を映したヴェロニカのベールを見るたびに、そしてわたしの愛するすべての人々の顔を見るたびに、交わりへの渇きが呼び起こされ…年齢を重ねるにつれてその痛みは深まっていくのです。

生命（いのち）を見つめるためには、それを失わなくてはならないことは分かっています。わたしの写真を捨て、本当の人間に出会わなければならないことを…そしてセンチメンタルな思い出に浸ることはやめ、わたしの想像をはるかに超えて新しいコミュニオン―交わり―が生まれてくると信頼しなければならないことは分かっているのです。しかしながら血と汗がしみついたイエスの人生、そして刑務所、難民キャンプ、拷問のへやで苦しんでいるすべての人々を見るときに、どうしたら新しいいのちを信じることができるでしょうか。イエスはわたしを見つめられ、わたしのこころに、そのみ顔の印影を刻まれます。

わたしはいつも探し、待ち、希望しつづけることでしょう。イエスの苦しむ顔は絶望することを許しません。わたしの悲しみは飢えであり、寂しさは渇きです。わたしたちがお互いに出会うとき、痛みの原因となる愛はいのちの種であり、そこに痛みは留まることができないことを、わたしたちは知っています。

Ⅶ

イエス二度目に倒れる

この貧しいブラジルの農民は完全に疲れきっています。何時間も、毎日、毎日、来る日も来る日も、土地を耕しても自分と家族がやっと食べていけるだけの収入しかありません。

辛い労働を何年つづけても、何も改善されません。耕している土地はやせているので、取れる作物もみすぼらしいものです。土地を改良する近代的な農機具をもてるゆとりのある人たちとは競争になりません。その作物を売っても、妻や子どもが生きていくために借りた金を返すこともできません。毎年状況は悪くなるばかりです。この小さな農村を離れて、大都会の周辺にある何百万の貧しい人々が生活しているスラムに、自分たちも移ってゆかねばならないかもしれない。事態は差し迫っています。

借金をすっかり返して、子どもたちには教育を受けさせ、そして少しは豊かな小さい土地を購入できるかもしれない、と夢見た時代もありました。今となっては、そのすべての夢が散ってしまいました。彼も、馬も、年をとり疲れています。激しい労働からくる疲労で体中が痛みます。目を閉じて顔の前に手を組んでも、からっぽの未来以外なにも見えません。こころはとても暗くなっていきます。すべての努力が何もならないと分かったとき、それでも自分は生きることをつづけていかねばならないのだろうか、と思ってしまいます。自分が落伍者に思え、自分がなりたいと望んでいた夫、父親、友人像からはるかに遠い今の自分の姿を責めてしまうのです。

この絶望のうちにある農民は、自分ではどうすることもできない大きな経済力の犠牲になった何百万の人々のひとりにすぎません。両親や祖父母の仕事をつづけていくことができず、素朴な農耕の生活から貧困と恐れの生活へ、貧困と恐れの生活から、苦難と困窮の生活へと自分たちを追い込んでいく国家や世界の動きは、ほとんど、あるいはまったくと言っていいほど、この農民たちには理解できません。

イエスが二度目に倒れられたとき、それはかついでいる十字架が重すぎるからではありませんでした。体中にものすごい疲労を感じられたからです。イエスは、ぼろぼろでした。生まれ故郷で働いた何年間、町から町へと大勢の群衆につき従われながら、弟子たちと教えを説いていたときは、肉体的にも限界に近い状態でした。その後は、悔い改めを呼びかける自分に対して増し加わる抵抗に耐えなければなりませんでした。従ってきた者たちの離反、ユダの裏切り、ペテロの否認、人々のあざけり、ヘロデやピラトの理解の欠如、敵意に満ちた群衆の叫び。ひとりの人間が背負うにはあまりに多すぎます。だからイエスはつまずき、倒れられたのです。愛と赦しの新しい時代をはじめるという夢は、どこに行ってしまったのでしょうか。

はじめは、多くの人々がイエスのヴィジョン、展望を分かちあったかのようでした。今イエスは、まったくひとりぼっち。ヨルダン川やタボル山で彼に降ったあの声を、なぜ今聞くことができないのでしょう。イエスは間違ったのでしょうか。それとも自分ではどうすることもできない力に屈した犠牲者だったのでしょうか。


わたしたちが「もうこれ以上つづけていきたくない」と思うときのことを、また、あきらめ、絶望が破壊の道をたどりはじめるままにさせてしまうときのことを、イエスは本当によくご存じです。ブラジルの貧困におおわれた地域だけでなく、他の発展途上国でも、人々はこのようなことを思い苦しんでいます。富める人々、成功した人々も、貧困と絶望にある人々と同じように絶望への誘惑にかられています。このブラジルの農民が魂の奥深くに感じていることが、わたし自身の葛藤からも理解できるのです。経済的に安泰と思えるときでも、突然、罪と恥、恐れと絶望のどうしようもない感情の波を経験することがあります。まわりにいる人々、長く生き、一生懸命に働いてきた人々の目にも同じような疑問がよく見えます。

「わたしの人生はいったい意味があるのだろうか？」

先へ進むのは不可能だ、と思わせるような深い疲労がわたしたちのこころに起こってくることがあります。すべての努力が何もならなかったと思えるときがあります。夢は散らされ、希望は打ち砕かれ、熱情ははぎとられます。意気消沈し、もう何もかもどうでもよいと思えてしまいます。

イエスは倒れられたときに、わたしたちとともにこの苦しみを味わったのです。今、イエスは、イエス自身の倒れも、わたしたちのつまずきも、十字架への道の一部であることを信頼せよ、と呼びかけておられます。わたしたちが倒れるとき、たぶんわたしたちができることも思いだすことなのかもしれません。イエスも倒れられた、そして今もわたしたちとともに倒れておられる、と。この想起が、そこに希望があることを、うっすらと感じさせてくれるのかもしれません。その希望が、ブラジルの農民の世界と、わたしたちの世界を新しい方法で結びあわせ、そしてより正義と愛のある社会へと向かう方向を見せてくれるのかもしれません。

Ⅷ

イエス、エルサレムの女たちと出会う

このニカラグアの女たちは、彼女たちの仲間、彼女たちの土地、彼女たちの家の崩壊を前に泣いています。優しさと愛情の内に育んだ子どもたちが突然死んでしまい、彼女たちの前に横たわっています。人生の困難や美しさをともに分かちあってきた夫たちは、彼女見知らぬところへ突然連れていかれてしまいました。土地は荒らされ、農作物は焼かれ、家は爆弾で壊されました。彼女たちの涙は、その存在のもっとも深いところから湧き起こってくる涙です。そこにはことばもなく、説明も、話し合いもなく、意味のある考えもありません。戦争、暴力、殺人、そして破壊は涙を必要とします、多くの涙を。「なぜ？　誰によって？　何のために？」この質問に答えはありません。

もっと多くの涙が流され、もっともらしい答えが少なくなれば、世界は良くなることでしょう。涙は、苦しみ、拒絶、報復の思いを超えたところから湧き上がってきます。「役に立たない」愛の捧げものとして涙は流され、連帯の表現として、また非暴力のまことの行為として涙は流されるのです。

わたしたちの住んでいる社会は嘆く社会ではありません。嘆くべき理由がこんなにも多くあるのに嘆きません。戦争が勃発し、人々が暴力や飢餓、自然災害、技術の失敗によって死に、すばらしい技（わざ）と献身によって人間の手で創られた作品が盗まれ、傷つけられ、壊されています。宇宙のなかでわたしたちの星が、ますます脅威にさらされているこのとき、心配して解決法を求めはじめても、失った親しいものにこころを寄せて嘆くことはありません。けれどもわたしたちが失ったものを嘆かないとすれば、どんな解決法も本当の意味での解決にはなりえないでしょう。

イエスが処刑場にひかれていくとき、女たちは嘆き、彼のために悼み悲しみました。この女たちは、罪を言い渡された犯罪人たちのために泣き、痛みを和らげる飲み物を用意しました。泣き女であり、その嘆きは憐れみの仕事とみなされていました。しかしイエスは、彼女たちに向かって言われました。

「エルサレムの娘たち、わたしのために泣くな。むしろ、自分と自分の子どもたちのために泣け」（ルカ二三・二八）。

イエスは、エルサレムの崩壊と人類の上にいずれ来るすべての戦いと暴力を指し示されています。「人々が、『子を産めない女、産んだことのない胎、乳を飲ませたことのない乳房は幸いだ』と言う日が来る。そのとき、人々は山に向かっては、『我々の上に崩れ落ちてくれ』と言い、丘に向かっては、『我々を覆ってくれ』と言い始める。『生の木』さえこうされるのなら、『枯れた木』はいったいどうなるのだろうか」（ルカ二三・二九―三一）。

もしわたしたちがイエスのために嘆きたいのであれば、この苦しむ人類のために嘆かなければなりません。イエスは苦しむ人々を癒されるために来られたのですから。もしイエスが苦しまれた痛みゆえに本当に悲しいのであれば、わたしたちの悲しみのなかに、現在この世界が苦しんでいる悲しみ―すべての男、女、子どもたちの悲しみ―を受け入れることになるでしょう。ナザレの無実の聖なる方の死を嘆き悲しむのであれば、人類の長い歴史のなかで苦しんできた何百万の無実の人々にも、わたしたちの涙は届かなければならないのです。

多くの人は、泣いたり嘆いたりすることは弱さのしるしだと考えます。泣いても誰も助けることはできない、と言います。行動だけが必要とされているのだ、と。でもイエスはエルサレムを思い、泣かれ、友人のラザロが死んだと聞いたとき、涙を流されました。わたしたちの涙は痛みに満ちた人類の破れを表しています。涙は、避けられない人間の苦しみとわたしたち自身を深く結びつけます。涙は、憐れみの行為が穏やかに生まれてくる状況を作りだします。もしわたしたちが、自分の限界、罪、やがて終わるいのちを告白することができなければ、より良い世界のために、と考えてとる行動は、裏目に出るだけでしょう。そしてやり場のない怒りや、フラストレーションを表すことになるでしょう。涙は世界のために嘆かれるイエスのこころにわたしたちを導いていきます。イエスとともに泣くとき、わたしたちは彼のこころに導かれ、そこでわたしたちが失ってしまったものへの、もっともふさわしい答えを見いだすのです。ニカラグアの女たちによって流された涙と、世界中で亡くなった人々のために嘆く何百万人もの涙は、憐れみ、赦し、穏やかさ、そして癒しの業（わざ）から生まれる果実とともにわたしたちの土壌を豊かにすることができます。わたしたちも泣かなければなりません。そうすることで、もっと、もっとへりくだった人々になっていくのです。

Ⅸ
イエス三度目に倒れる

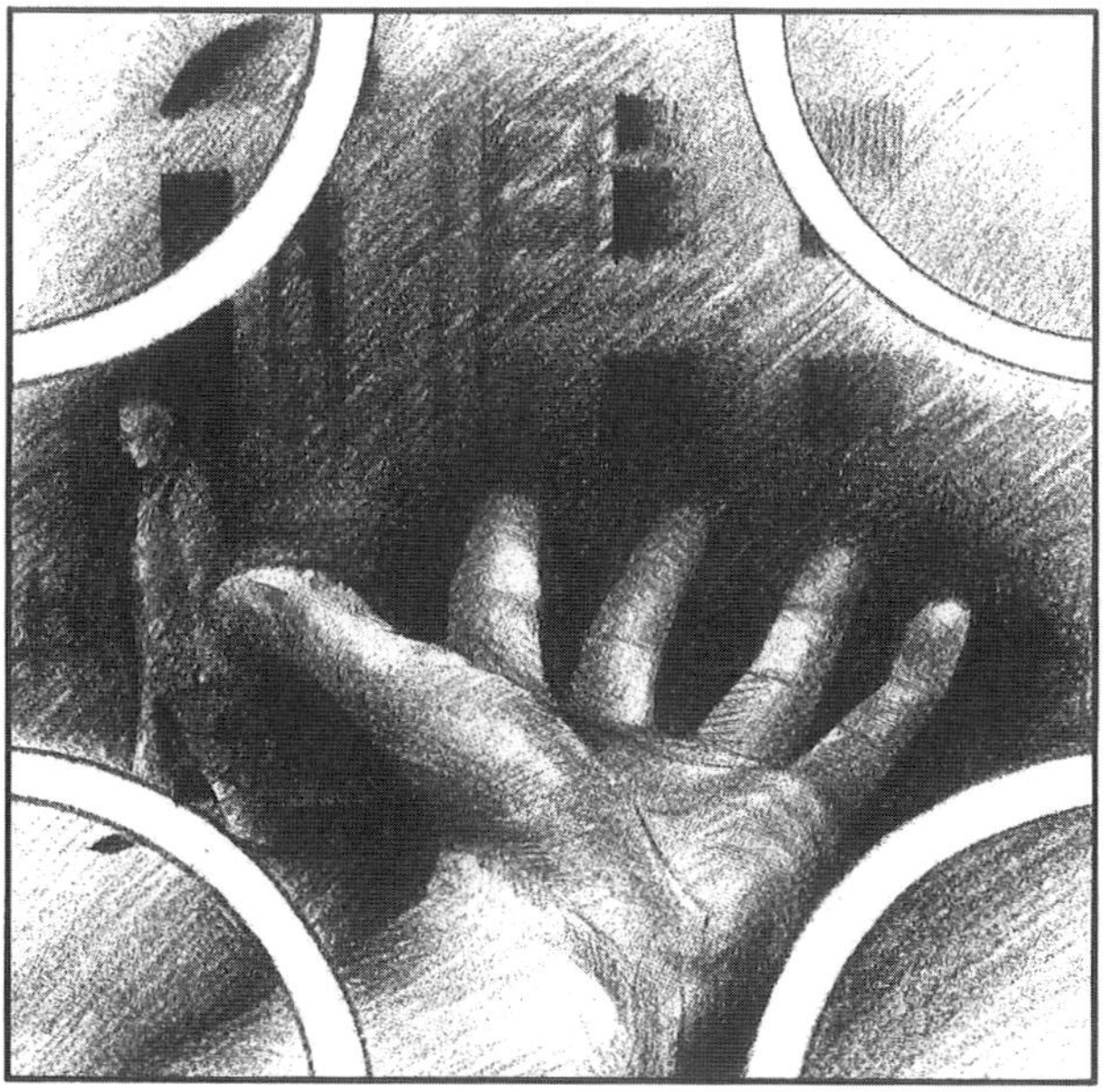

ひとりの男がつまずき地面に倒れています。弱りきって痛みが全身をおおっています。助けなしには自分の足で立ち上がることができません。男は力なく横たわり、手を伸ばしています。手を広げて誰かの手が彼の手をつかみ再び立たせてくれることを望んでいます。ひとつの手がもうひとつの手と触れることを待っています。人間の手はたいへん神秘的です。それは創造し、破壊し、愛撫し、打ち、歓待し、また人を責めることもあります。祝福し、のろい、癒し、傷つけ、乞い、与える手。一つの手は人に脅威を与えるこぶしになることもできるし、同時に安全と保護のシンボルにもなりえます。もっとも恐れられることもあれば、もっとも求められることもあるのが人の手です。

「いのちを与える」というイメージをもっとも強く表している図は、人間の手がもう一方の手に向かって伸び、そのふたつの手が触れあい、結ばれ、平和と和解のサインを作り出しているものです。それと対照的な図は、ひとつの手が伸び、愛をもって触れられるのを待っているのに、人々は無視して通り過ぎていく、というものです。これは個人の淋しさを表しているだけでなく、分断された人類社会を表現する図でもあります。貧しい世界の人々の手は、富んだ世界の人の手が触れてくれるように、その手に届きたいと伸ばされています。しかし富んだ人々は忙しすぎて、貧しい人々を見ようとしません。

人間愛はこわれ、砕け散ったままなのです。

イエスが三度目に倒れられたとき、絶望した人類の淋しさすべてを体のなかに体験しておられました。助けなしに再び立ち上がることができませんでした。しかし誰もイエスに手を差しのべて支え、再び立ち上がるようにと手を貸す人はいませんでした。それどころか彼の開いた手はムチで打たれ、残虐な手が無理やりにイエスを立たせました。人となられた神、イエスは倒れられました。わたしたちはイエスの上に身をかがめ、その痛みをともに担おうとすることができたのに、他のことで忙しく、イエスが倒れられたことにすら気づくことができないのです。その手で宇宙を創られた神、アダムとイブに形を与えられた神は、優しさをもってすべての苦しむ人々に触れられ、すべてのものを愛のうちに抱き、人間の手をもち、人間の手に触れたい、と求める人となられたのです。しかしその手は開かれたまま、釘で打たれてしまいました。

歴史の流れを左右する力に満ちあふれた手としてではなく、思いやりのある人の手によって握られることを望んでおられる弱々しい手が、実は神の手であることを知ってから、わたし自身の手を見る見方が変わってきました。しだいに世界の至るところから、わたしに向かって差し出されている神の力なき手が見えてくるようになりました。そしてそれがよりはっきり見えれば見えるほど、それらの伸ばされた手は近くにあるように思えるのです。食べ物を乞う貧しい人の手、ただ一緒にいてほしいと求める淋しい人々の手、抱き上げられたいという子どもたちの手、触れられることを望んでいる病気の人の手、技術を持たない人が訓練されたいと求める手…これらの手はすべて倒れたイエスの手です。

わたしは、カルカッタやカイロあるいはニューヨークといった遠いところの人々が乞い求める手をよく思い浮かべます。その反面、自分が住んでいるこの空間に向かって伸ばされている手に気づいていない、ということがよくあります。

毎晩休むときに自分の手を見ます。そして手に尋ねなければなりません。「おまえは周りにいる人々の開いた手のそのひとつにでも届こうとしただろうか。そしてほんのわずかな平和、希望、勇気と自信をもたらしただろうか」。

助けを求めるすべての人間の手は、倒れた人類の手です。わたしたちが手を伸ばし、その助けを求める手に触れるときに、わたしたちはすべての人類への癒しに参加しているのです。

イエスは、倒れられ、その使命を全うするため再び立ち上がれるよう助けを求めておられます。助けを求めるイエスは、わたしたちが神に触れることができるように、またすべての人々の手のなかにあるすべての人間愛に触れることができるように、と機会を与えてくださっています。このふれあいの中で、神の救いはわたしたちのただなかにある、という真（まこと）の恵みを経験せよ、と手を差し伸べてくださっているのです。

X イエス衣をはがされる

カトマンズの病院にいるこの女は、年とった今、体をおおう一枚の毛布以外何ももっていません。畑仕事に明け暮れた一生、夫や子どもたちの世話に明け暮れた生涯は、むきだしの名もないひとつの存在に落ちてしまいました。彼女の日常は、かつては喜びにあふれた声や、さまざまな彩りの動きに満ちていました。しかし、今や彼女の人生は、沈黙と化してしまいました。彼女を尊敬していた夫は、彼女に喜びや楽しさを与えていた子どもたちは、いったいどこにいるのでしょうか。流れの急な川や、春になると緑や花で満ちあふれた丘はどこにいってしまったのでしょう。何もかも彼女からはぎとられてしまいました。ある日、見知らぬ人が村にやってきて彼女を町の病院へ連れていき、精神病棟の扉の向こう側へ彼女を閉じ込めたのでした。その人たちは彼女を「気狂い」と呼びました。弁護してくれる人は誰もいません。彼女の名前で語りかける人もいません。彼女の尊厳を守ってくれる人は誰もいませんでした。彼女の気持ちは混乱してきました。昔の記憶がときどき現れ、昔の人の名前が口にのぼることがあります。若かった頃のこと、おとなになった頃のことが浮かぶのですが、それに応えてくれようとする人は誰もいません。

ここにはまったくの裸の状況があります。すべての人間の尊厳は消え、見た目にも美しかったこの人は、一枚の毛布の下にその裸を隠しています。数え切れないほどの年老いた男が、女が、このめまぐるしく動く世界から、その存在をはぎとられ身を隠して生きています。年をとり、彼らに残されたものは、いきあたりばったりに与えられる好意、あるいは周りからの拒絶に完全に身をゆだねるしかない裸の存在だけです。

イエスは衣をはがされました。兵隊たちはその衣が誰のものになるかサイを投げあいました（ヨハネ一九・二四）。

イエスに残されたものは何もありませんでした。見えない神の像（すがた）であるイエスは、すべて創られたものの内の最初に生まれた方、見えるものと見えないものの王、支配する力、君主の座にある方…その方がすべての尊厳をはがされ、まったくの弱い姿で世界にその身をさらしておられます。ここにすべての時代のなかで最も偉大な神秘がわたしたちに現されました。神は謙遜のなかにその栄光を現すことを選ばれたのです。あらゆる光が失われ、黙殺され、輝きが取り去られ、賞賛が陰をひそめた、そこに神は無条件の愛を現すことをお選びになりました。

「かつて多くの人をおののかせたあなたの姿のように彼の姿は損なわれ、人とは見えず、もはや人の子の面影はない。それほどに彼は多くの民を驚かせる。彼を見て、王たちも口を閉ざす。…見るべき面影はなく、輝かしい風格も好ましい容姿もない。彼は軽蔑され、人々に見捨てられ、多くの痛みを負い、病を知っている。彼はわたしたちに顔を隠し、わたしたちは彼を軽蔑し、無視していた」（イザヤ五二・一四―一五、五三・二―三）。

イエスは、わたしたちの苦しみを担われました。衣をはぎ取られたイエスの体は世界中のあらゆる場所で、あらゆる時代に、人々が苦しんでいる計り知れない零落状況を現しています。わたしは、しばしば人生を山の頂上をめざす旅路と考えます。わたしを囲む周りの状況の全体の美しさを見ることができ、自分のもっているすべての感覚を経験できる場としての山の頂きです。しかし、イエスが示されるのは別な方向です。人生とは成功、完成への欲求を捨てるように、との呼びかけであり、その呼びかけは日々強さを増していきます。

イエスが差し出しておられる喜びと平和は、下へ下へと降っていく十字架の道です。そこには希望、勝利、そして新しいいのちが満ちています。しかし、これらは、わたしたちがすべてを失ったところで、はじめて与えられるのです。

「いのちを失うものはそれを救う」（ルカ九・二四）。

失うことを恐れる必要はないし、多くを失った人々のために恐れを抱く必要もありません。イエスはすべてをはがされたので、わたしたち自身の貧しさ、そして人類の貧しさを抱くことがおできになります。貧しくされた自分たち、そして仲間である親しい人間たちの貧しさを見つめることのなかに、わたしたちは神が示してくださる深い深い憐れみを発見できるようになります。そうしてはじめて、わたしたちはどのように与え、どのように赦すか、どのように世話をし、癒すのか、どのように助ける手を差し伸べ、愛の共同体を築いてゆくのかを知ることができるのです。貧しさの中にある連帯のなかに、お互いに近づきつつ成長する道を、そして喜びに満たされてわたしたちが共有できるヒューマニティー、人類社会を求めていく道を見つけることができるのです。

XI
イエス十字架につけられる

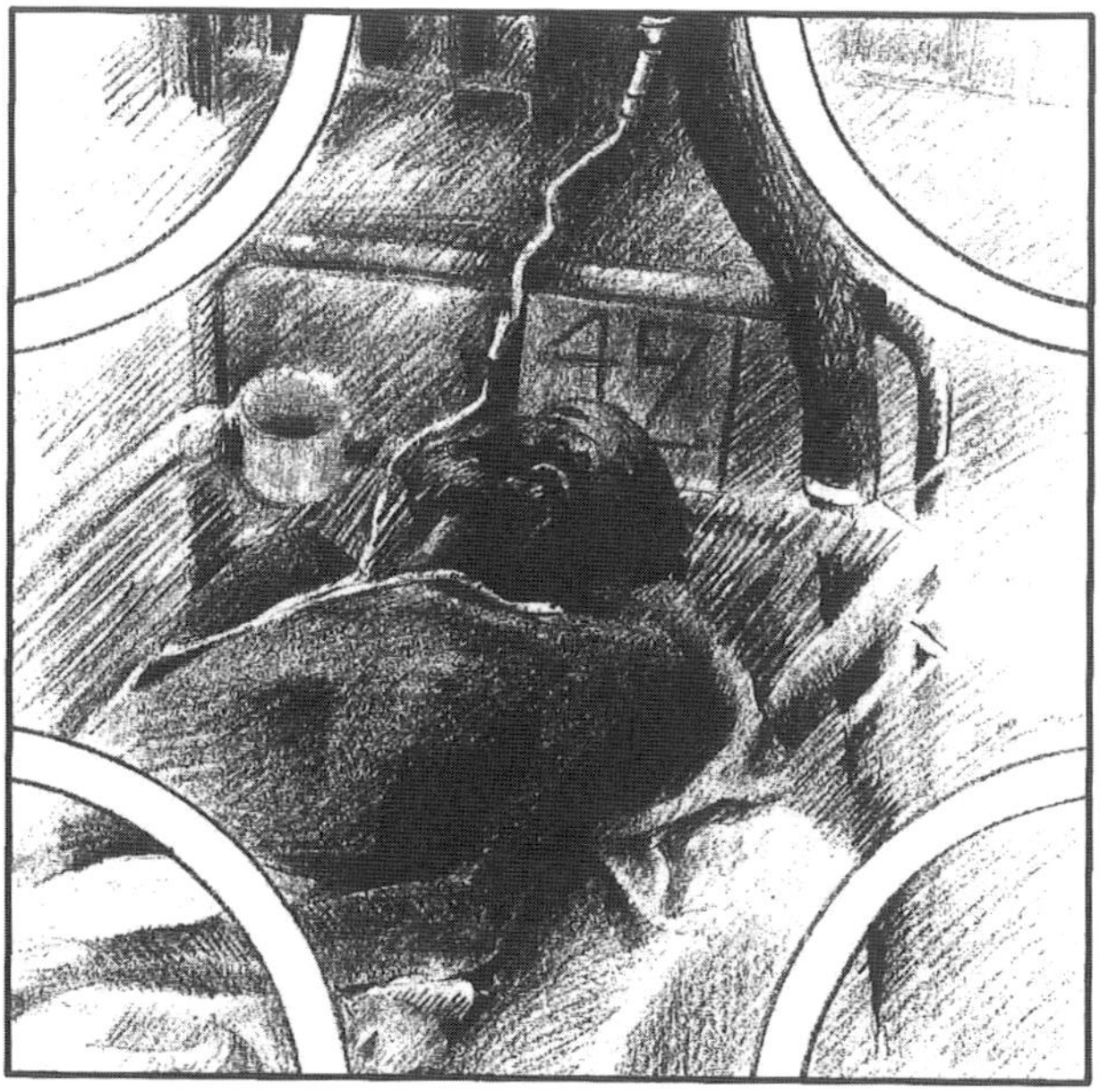
47

このスーダンの男は死にかかっています。ひとりぼっちです。名前も分かりません。大きな病院で死んでいくたくさんの人々のひとりにすぎません。番号は四二。点滴の管が彼の最後の生命の糸のようです。点滴で助かることはないでしょう。この男は力をまったく失っているのです。細い腕とやせ衰えた肩が、どんなに消耗しきっているかを物語っています。周りにいる人々は彼の最期がすでに来ていることに気づいています。そして彼自身もそのことを知っているのですが、恐れてはいません。彼の人生はたやすいものではありませんでした。貧しい生活、多くの闘い、数少ない勝利、そして病気や痛みを恐れていました。けれども、彼は、今のこの痛みはすぐに終わることを知っているので、むしろ平安のなかにいます。

毎日、毎時、また毎分ごとに人が死んでゆきます。突然、あるいは徐々に、死んでゆきます。大きな都会の路上で、または快適な家で人々は死んでゆきます。ものすごい痛みのうちに、もしくは眠るがごとく平安のうちに死んでゆきます。その様子は一人ひとり異なりますが、死にゆくとき誰もがひとりぼっちであることは同じです。そして未知の世界に直面しています。死はまさに日常生活の現実です。しかし世界はこの現実を見つめないまま、そのなかでものごとを進めていきます。死は隠されたできごとであり、無視すべき、あるいは否定すべきできごとなのです。このスーダンの男は生の現実を示しています。死ぬことは生きることなのだ、と。

イエスは十字架に釘打たれ、その死は三時間にわたりました。イエスはふたりの男の間で死なれました。ふたりのうちのひとりが、もうひとりに言いました。「我々は自分のやったことの報いを受けているのだから当然だ。しかしこの方はなにも悪いことをしていない」（ルカ二三・四一）。

イエスは、人々のために死なれるという生を生きられました。すっかり疲労した体、友の裏切り、ご自身の神からも捨てられたという、これらすべてをもってご自身を与えつくされたのです。一本の木に釘打たれ、完全な弱さのなかに吊るされ死なれたイエスのなかには、苦さ、報復への欲求、拒絶すらありませんでした。しがみつこうとされたものはなにもなく、すべてを与えられたのです。

「はっきり言っておく。一粒の麦は、地に落ちて死ななければ、一粒のままである。だが死ねば、多くの実を結ぶ」（ヨハネ一二・二四）。

人々のためにすべてを捨てられたとき、イエスの生は実り豊かなものとなりました。完全に無実な方、罪なき方、あやまちのない方、恥ずべきことのない方は、並々ならぬ痛みに満ちた死を死なれました。死がもはやこれ以上無視されることなく、生命（いのち）の門となり、新しい交わりの源となるために。

死に向かうイエスを見つめるとき、そこには死に向かう世界が見えます。十字架上ですべての人々を彼のもとへと引き寄せられたイエスは、何百万の人々の死を背負われました。イエスは拒まれた人、淋しい人、犯罪人の死だけでなく地位の高い、力をもった人、有名な人、人気者の死もご自身で負われました。なかでも普通の生活を営み、年をとり、疲れ、それでも自分たちの生は無駄ではなかった、と信じる素朴な人々、そのすべての死をご自分の死となさったのです。

わたしたちは、みんな死ななければなりません。そして、みんな一人ぼっちで死んでいきます。その最期の旅路につきあってくれる人は誰もいません。死にゆくとき、わたしたちは所有しているもののほとんどを捨てなければなりません。それでもわたしたちの生は無駄ではなかった、と信じなければなりません。ある意味で、死ぬことは人間の生のなかで最も偉大な瞬間です。なぜなら、すべてのものを与えるように、と問われるときだからです。わたしたちがどのように死ぬかは、それまでどのように生きてきたかと大いに関係があるだけでなく、わたしたちの後につづく者がどのように生きるか、ということとも深い関係があります。イエスの死は、わたしたちに示してくれています。死はすべての人に訪れるわけではない、と偽って生きていく必要はないのだ、と。

天と地の間にイエスが両手を伸ばされて吊るされたとき、イエスはわたしたちの死をまっすぐに見つめよ、と招かれ、死は終わりではないことを信ぜよ、と言われました。

だからこそ、わたしたちはこの世界で死んでいく人々を見つめることができ、その人たちに希望を与えることができるのです。死にゆく人々の体をわたしたちの腕に抱えることができ、わたしたちの腕よりはるかに力ある腕が彼らを受けとめ、彼らが常に求めていた平和と喜びを与えてくれるのだ、と信頼できるのです。

死にゆくことにおいて、すべての人類はひとつです。そして神はわたしたちに希望を与えるため、この死にゆく人類のなかにお入りになりました。

XII イエス十字架上で死ぬ

死、破壊、崩壊が、わたしたちの周りを取り囲んでいます。地球の多くの資源が死につながることに使われています。多くの国で軍需産業が国家収入の大きな部分を消費しています。兵器、また核兵器は日増しに量を増し、すべての経済が、とどまることを知らない死を引き起こす道具の増産に頼っているというのが現実です。多くの大学、研究所、シンクタンクは戦争を引き起こす人々から経済的支援を受けています。何百万という人々が、一旦使われると死をもたらすだけの製品を作り出すことで、日々の糧を得ています。

しかしながら死の力というのは、これらの破壊力を持った野蛮なものより、もっと微妙にしのび寄ってくるものなのです。死の力は家庭内や隣人間の暴力に、目に見える形で現れるだけではなく、人々の求める休息や娯楽のなかにも潜んでいます。多くのスポーツが死の魅力で曇りガラスをかけられているようです。ひどい怪我をするかもしれない、あるいは死ぬかもしれない、ということが異常な興奮をかもしだします。人はいのちを危険にさらしている人々を見たがり、ロシアンルーレットの闇へと引き込まれていきます。多くのエンターテイメント、映画やテレビ、小説が死に魅了されている人々を食いものにしています。世界はいつも死の力によって支配されています。その力はすべての人間をその支配下におこうとします。

イエスは死なれました。死の力が彼を打ち砕きました。ピラトの恐れに満ちた審判、ローマの兵隊による拷問、残酷な十字架刑のみならず、この世の力と主権といった世界の死の力がイエスを打ち砕きました。イエスの死は「ことば」の死でした。

「万物はことばによってなった。なったものでことばによらずになったものは何ひとつなかった。ことばのうちにいのちがあった。いのちは人間を照らす光であった。光は暗闇のなかで輝いている。暗闇は光を理解しなかった」(ヨハネ一・三―五)。

イエスは死の力によって打ち砕かれました。しかし、イエスの死は死の刺(とげ)を取り除きました。イエスを信じる人々に、神の子どもになるという力を与えられました。もはや、死が届くことのできない、いのちに参与する力を与えられたのです。イエスは、その死によって、死のすべての力にうち勝たれました。死の力に身をまかせてしまうわたしたちのこころのなかにある闇、わたしたちを暴力、戦争、破壊の犠牲者にする社会の暗闇は取り除かれました。いのちの神に完全な捧げものとして、ご自身のいのちを与えられたイエスから輝きでる光によって、闇は取り除かれたのです。パウロは言っています。

「今や、わたしたちの救い主キリスト・イエスの出現によって明らかにされたものです。キリストは死を滅ぼし、福音を通して不滅のいのちを現してくださいました」（二テモテ一・一〇）。

死の激しい力の前にいのちを確証するのは難しいことです。新聞を開けるたびに戦争、殺人、誘拐、拷問、乱打、病気や死とつながる数え切れない悲劇を見ると、けっきょくのところ死が勝利するのだ、と信じたい誘惑にかられます。それでもなお、聖なる方イエスの死は、いのちを選べ、と繰り返し繰り返し、わたしたちに呼びかけてきます。

キリストに従う者にとっての偉大な挑戦は、もっとも小さな、重要でないと思われるような、ささいなことのなかでも、生―いのち―へ向かって「はい」と言うことです。わたしたちは一瞬、一瞬選択しなければなりません。生を肯定する選び、あるいは否定する選びを。ある人について考えるとき、わたしは、どのように選んでいるでしょうか。赦すことでしょうか。あるいは責めることでしょうか。受け入れることばを話すことを選ぶでしょうか。それとも拒否のことばを選ぶでしょうか。手を伸ばす、あるいは引っ込める、分かちあう、ひとりじめする、譲る、あるいはしがみつく、傷つける、あるいは癒す、どちらを選んでいるのでしょうか。もっとこころの深いところにある感情でさえ、このような選択の対象です。わたしは憤慨することも選べれば、感謝で満たされることも選べます。絶望するか、希望を抱くか、悲しむか、喜ぶか、怒るか、平安な気持ちでいるか、選ぶことができるのです。これらの感情はとめることのできない波のように押し寄せてきます。それでも…、わたしたちがひとつの方向を選べる場、わたしたちを暗闇の底へと深く、深く引き込もうとする死の力をとめることのできる場が、わたしたちのなかにあるのです。

わたしたちは、核による大虐殺の装置をもたらす闇の大きな力が、わたしたちのこころのなかで考えたり感じたりすることと、まったく別なものであるかのように暮らしています。別なもの、と思うのは幻覚です。ほんの少し死に魅せられる自分の内なる状況と、人類を破壊するもっとも恐ろしい方法は密接に結びついています。イエスはこの結びつきを知っておられました。そして心臓が刺し貫かれたとき、イエスのこころはわたしたちの内に最も深く隠された思いと、最も遠いところで起こっている動きを、ご自身の内に抱き込まれたのでした。イエスの死は、死のすべての力に打ち勝ちました。そして「死の恐怖のために一生涯、奴隷の状態にあった者たちを解放なさった」（ヘブル二・一五）のでした。

XIII
イエス十字架から降ろされる

一九八〇年の一二月、イタ・フォード、モーラ・クラーク、ジーン・ドノヴァン、ドロシー・ケーイゼルの四人が、エルサルバドルの首都サンサルバドルと空港を結ぶ路上で、残酷にも殺害されました。国外で短い滞在を済ませたあと、家へ戻るところで、エルサルバドルの自衛隊に留められた彼女たちは、強姦され、痛めつけられ、殺され、牛の牧草地に掘られた共同墓地に、その遺体を投げ込まれたのでした。いったい彼女たちが何をしたというのでしょうか。彼女たちは、エルサルバドルの貧しい人々の世話をしていました。家や村から追われ、孤立した山のなかで生き延びようとしている人々に、食べ物や薬を届けようとしたのでした。この四人の信仰厚い勤勉な教会に連なる女たち（訳者注・メリノール女子修道会のシスター、同信徒宣教師、聖ウルスラ修道会のシスター）の唯一の望みは、ひどく苦しんでいる隣人たちを、少しでも楽にしたいという思いだけでした。そして憎しみと暴力のただなかにあっても、人々はお互いに愛しあうことができる、そのことを示したい、と思っていただけでした。

しかしながら、彼女たちの思いやりとこころ配りは、抑圧者たちの怒りに火をつけました。そして死のリストに彼女たちの名前を載せたのです。抑圧者たちは彼女たちの存在そのものに、がまんできませんでした。彼女たちはこの地上から消され、撲滅されなければならなかったのです。彼女たちの素朴な存在が、いのちの敵であるこの人々には、耐えられないものとなったのでした。憎しみは、露骨にあからさまなものとなりました。彼女たちは、一刻もはやく殺されなければなりませんでした。

彼女たちが殺され、その死体に土がかけられて、間もなくしてからその遺体は発見されました。友人や、その付近の貧しい人々が、ことばにならない悲しみのうちに立ちつくし、罪なき女たちの虐殺を怒りをもって見つめています。大きな悲しみが人々のこころを刺し貫き、全世界へ向けて悲しみが叫び声をあげています。

「いったい、いつまで、いつまで、ああ、主よ。正義の勝利まで、いったい、いつまで…」。

イエスの死の確認を報告されたピラトは、その遺体を議会の重要な一員であったアリマテアのヨセフに引き渡しました。ヨセフ自身も「神の国を待ち望んでいた」人でした(マルコ一五・四三)。ヨセフは、「亜麻布を買い、イエスを十字架から降ろしてその布で巻いた…」(マルコ一五・四六)。イエスの母マリアがそこにいました。ずっと昔のこと、老シメオンの腕にその子どもを抱かせたとき、彼女はシメオンのことばを聞きました。

「あなた自身も剣でこころを刺し貫かれます」(ルカ二・三五)。

今、彼女がイエスの体をその腕に受けたときに、シメオンの語ったこれらのことばが成就しました。イエスは苦しみ、死なれました。そして母としてイエスを愛した彼女の悲しみは、未だかつて誰も経験したことのない痛みをもたらしました。マリアの悲しみは、彼女の愛と同じくらい深いものでした。神のひとり息子を彼女の愛で包んだマリアは、今、すべての人類をその悲しみで包み抱きました。

たいへん純粋なこころを持っていたので、この世の救い主が宿られるのにふさわしかったマリアは、今、そのこころにすべての人類の苦しみを担うように招かれたのでした。そしてマリアは、すべての人の母となりました。マリアは十字架の下に立っていました。そしてイエスの体を受け取り、大きな孤独のなかで彼を抱きかかえました。彼女が腕に息子を抱いたとき形づくられた、愛と悲しみの結びつきは、神のこころに近く生きることを選んだすべての人々のなかに、今も存在しつづけています。

本当に愛するということは、悲しみを喜んで抱くことです。こころをつくし、思いをつくし、力をつくして神を愛することは、人間の知りうるもっとも大きな悲しみに、あなたのこころをさらけだすことです。四人のアメリカの女たちのイエスへの愛は、彼女たちのこころのなかに、世界の、ことにエルサルバドルの貧しい人々の悲しみをたずさえることを可能にしました。その結果、彼女たちの死は、兄弟、姉妹のこころと思いに大きな悲しみを引き起こすことになりました。キリストに従う者のいのち、生き方は、イエスを愛するいのち、生き方です。

「おまえはわたしを愛しているか」。これはイエスがわたしたちに三度尋ねられる問いです。そしてわたしたちが、「はい、主よ、あなたはわたしがあなたを愛しているのをご存じです」と答えるときに、イエスは言われます。
「あなたはあなたの行きたくないところに連れていかれるだろう」（ヨハネ二一・一五―一八）。

悲しみを伴わない愛はけっしてありません。痛みを伴わない責任はなく、失う経験のない関わり、多くの死を伴わずに、いのちに「はい」と答えることはできません。悲しみを避けようとするときには、愛することができなくなります。愛することを選ぶときには、いつでも多くの涙が流されることでしょう。沈黙が十字架のまわりに沈み、すべてが成し遂げられたとき、マリアの悲しみは地球の果てまで届きました。しかしながら、自分たちのこころの中にその悲しみを見つける人はすべて、それが神の愛のマントであることに気づき、その悲しみを、その中にいのちが隠されている神秘として、喜びたたえることになるでしょう。

XIV

イエス墓に葬られる

エルサルバドルの若い女は、残酷に処刑された夫の遺体を入れた棺の前にたたずんでいます。その棺が吊り降ろされる墓の傍らにひとりで立っています。目は閉じられ、その腕は体の前で組み合わされています。裸足で、貧しく、からっぽで…しかし、とても静かに彼女は立っています。深い静けさが彼女の周りをおおっています。嘆きの叫び、反抗する泣き声、怒りの声はありません。まるでこの若い未亡人は、平和の雲に包まれているかのように見えます。すべてが終わり、すべてが静寂で、穏やかです。なにもかも奪い去られました。しかし愛する人を奪い取った欲深い力や暴力は、彼女のこころの奥深い孤独にまで届くことはできません。

友人や隣人が後ろに立っています。彼女の周りに、守りの輪を作っています。彼らは、この人の孤独に敬意を払い、尊重しているのです。ある人は沈黙のうちに、ある人は慰めのことばをささやき、ある人々は、お互いに何が起こったかを説明しようと試み、ある人々は抱きあって泣いています。しかし、この女はひとりで立っています。死の力が理解できないことを彼女は理解しているのです。夫を殺した武器よりも、ずっと力強い信頼と自信が彼女にはあります。ここでは生きている者の孤独と、死んだ者の孤独がお互いに挨拶を交わしています。

アリマテアのヨセフは、イエスの体を「まだだれも葬られたことのない、岩に掘った墓のなかに納めた。…イエスたちと一緒にガリラヤから来た婦人たちは、ヨセフの後について行き、墓と、イエスの遺体が納められているありさまとを見届け、家に帰って、香料と香油を準備した。婦人たちは安息日には掟に従って休んだ」(ルカ二三・五三―五六)。

イエスの墓の周りには深い休息がありました。七日目に創造の業が完成したときに、「この日に神はすべての創造の仕事を離れ、安息なさったので、第七の日を神は祝福し聖別された」(創世記二・三)。

イエスは、父に託されたそのすべての仕事を成し遂げられ、わたしたちのあがないの週の七日目に墓で休まれました。そして悲しみでこころがうちくだかれた女たちも、イエスとともに休みました。歴史を通してのすべての日々のなかで聖土曜日、入り口に向かって転がされた大きな石(マルコ一五・四六)の後ろで静寂と暗闇のなか、イエスの体が横たわっていたこの土曜日は神の孤独の日です。ひとことのことばも語られず、何の宣言もありません。すべてのものを創られた神のことばは、地の暗闇に横たわり埋められました。この聖土曜日はすべての日々のなかで、もっとも静かな日です。その静けさが最初の契約と二番目の契約を結びつけます。イスラエルの民と未知の世界を、神殿における礼拝と霊による新しい礼拝を、血の犠牲とパンとぶどう酒の犠牲を、律法と福音をむすびつけます。この神の沈黙は、世界が今まで知らなかったもっとも豊かな沈黙です。この沈黙から「ことば」はふたたび語られるようになり、すべてのものを新しくするのです。

神が沈黙と孤独のなかに休まれたということから、わたしたちは多くのことを学びます。夫の墓の傍らに立つこのエルサルバドルの女は、神の沈黙について何かしら知っていました。彼女は神の沈黙にあずかり、それがいつか彼女のなかで実を結ぶであろうことを信じていました。わたしたちは、世界のわずらわしさに囲まれていても、この女のように神の沈黙と孤独のなかに休み、わたしたちのなかにその実がなることを待つことができます。この休息は、忙しくしない、ということではありません。それはひとつのしるしにはなるかもしれませんが。神の休息とは、わたしたちが死の力に囲まれているときでさえも、それに耐えることができるこころの深い休息です。その休息は、隠された目に見えない存在が、どのように、そしていつとは言えなくても、わたしたちのなかで実を結ぶという希望を与えてくれます。この信仰の休息とは、ものごとが改善しなくても、痛みに満ちた状況が解決しなくても、革命や戦争がわたしたちの日常生活のリズムを混乱しつづけようとも、平安で喜びあふれるこころで生きつづけることを、わたしたちにもたらしてくれる休息です。イエスの霊のなかに生きている人々は、みなこの神の休息を知っています。これらの人々の生は、静けさや、受け身、あるいはあきらめの生ではありません。その反対に、正義と平和へ向けての創造的な行動が、この人々の特徴となっています。その行動は彼らのこころのなかの神の休息から出てくるので、強迫や強制から自由であり、自信と信頼に富んでいるのです。

わたしたちは、日々の生活のなかで何をしようと、また何もしないでいようと、イエスが墓のなかに葬られ、創造物全体がすべて新たにされるのを待っていた聖土曜日の休息といつもつながっている必要があります。

XV

イエス死者のうちから甦る

この南アメリカのインディオの人々は、深い内なる喜びと平和で輝いています。彼らが編んだわらの十字架は、その苦難と葛藤を象徴しています。彼らがうち振るやしの葉は、彼らの勝利と成功の気持ちを表しています。そうです、そこには悲しみがありますが、喜びもあります。嘆きがありますが、喜びもあります。恐れがあり、同様に愛があります。そこには重い労働があるのですが、そのあとには祝宴がつづきます。そして、まさに、そこには死があり、しかしながら復活もあるのです。

行進している人々の外気にさらされた顔から出てくる笑みは、復活のうちにある深い信仰を語っています。その信仰は、生は死よりも強いことを信頼するだけでなく、永遠につづくであろう喜びの前ぶれをもたらす信仰です。貧しい人々の目が突然希望で輝きます。そして、彼らの目は、自分のことだけでいっぱいになっている人間の限られた視界を切り開くことができるのです。

世界の貧しい人々は、こころのなかに復活の信仰をもっています。すべて創られたものは無駄にされるために創られたのではなく、新しい天と新しい地に作り替えられるために創られたのだ、と知っている信仰です。ボリビア、ペルー、ネパール、パキスタン、ブルンディ、スーダン、そしてありとあらゆる、この地球上の貧しい人々の顔に浮かぶ美しい笑顔は、復活の現実をかいま見せてくれます。これは本物の永久につづく愛を知っているこころの深みからくる笑顔です。

週のはじめの日、マグダラのマリアとヤコブとサロメの母マリアは墓がからっぽであることを見つけました。そして白い衣を着た若者が「あの方はここにはおられない」と言うのを聞きました。ふたりの弟子、ペテロとヨハネは墓に入り、麻の布とイエスの頭をおおっていた布が地面の上にあるのを見つけました。

マグダラのマリアは、主が彼女の名を呼ばれるのを聞いて、クレオパとその友人はエマオの村でパンが裂かれたときに、その人が誰であるのか分かりました。その同じ日の夕方、主は弟子たちのところへ来られ、真ん中にお立ちになり「平安があなたがたとともにあるように」と言われ、その手と脇をお見せになりました。

これらのことが起こったときに、聖土曜日の沈黙から新しいことばが生まれました。そしてイエスを知り、愛していた人たちのこころと思いに触れたのです。これらのことばとは「主は復活された、まことに復活された」ということばです。これらのことばは、屋根の上で、あるいは大きなプラカードに書かれて町のなかを回ったわけではありません。このことばは、親しみのあるメッセージとして、耳から耳へとささやかれました。神の国の到来を待ち望み、ナザレの人のことばと業に最初のしるしを見ることができたこころによってのみ、本当に聞くことができ、理解することができるメッセージです。

世界の片隅から片隅へ、あらゆる時代を通してささやかれつづけてきたその知らせに、「はい」と答える人々にとっては、すべてが異なり、すべてが同じなのです。木々は依然として木々であり、河は河であり、山は依然として山であり、人々はそのこころのなかで愛か恐れかを選ぶことができるのです。しかしすべてのことが復活されたイエスの体のなかに引き上げられ、神の右に置かれたのです。放蕩むすこは父の愛の抱擁のうちに、幼子は母の腕のなかに、本当の後継者は最高の衣と貴重な指輪を与えられ、その兄弟姉妹は同じ食卓に招かれます。すべてが同じで、すべてが新たにされます。わたしたちが復活の信仰をもって生きるとき、わたしたちの荷は軽く、くびきは負いやすくなります。なぜなら永遠に神に属するイエスの穏やかで慎み深いこころのなかに、わたしたちはやすらぎを見いだしたからです。

しずかに、しかし自信をもって語るべきときが再びきました。新しいことばが沈黙のなかから湧き上がってきます。良い知らせが貧しい人々にもたらされ、囚われ人には自由が、目の見えない人には視力が、抑圧された人には解放が、主のめぐみが宣べ伝えられます。

そして神の微笑みと神の民の微笑みが、暗闇の中に輝く、けっして消えることのない光の中でおたがいに近づいて、ひとつのものとなるのです。

おわりのいのり

親愛なるイエスさま、

かつてあなたは有罪の宣告を受けられました。そして今も有罪を宣告されておられます。かつてあなたは十字架を背負われ、そして、なお今もかついでおられます。かつて死なれたあなたは、今も死んでおられます。死者のなかから復活されたあなたは、今も死者たちのなかから復活されておられます。

わたしがあなたを見つめるとき、あなたはわたしの目を開いて、あなたの苦難、死、復活が、毎日わたしたちのなかに起こっていることを見せてくださいます。けれども、わたしのなかには、わたし自身の世界を見つめることへの深い恐れがあるのです。あなたはわたしに言われます。

「恐れずに、見つめ、触れ、癒し、慰め、訪ねなさい」。

わたしはあなたの声を聞きます。そして人々の痛みに満ちた、と同時に希望にも満ちた生へ深く入れば入るほど、あなたのこころのなかに、わたし自身がより深く入っていくことを知っています。

主よ、苦しんでいる世界に目を向けることへのわたしの恐れは、この不安に満ちたこころに深く根ざしているのです。わたし自身が本当に愛され、安全に守られている、ということに確信がもてないのです。ですから他の人々の恐れに満ちた生と自分との間に距離をおいてしまうのです。ふたたびあなたはおっしゃいます。

「わたしがおまえを抱き、癒し、慰め、訪れることができるように、恐れずにおまえの傷ついたこころをわたしに見せておくれ…なぜならわたしは境界線もなく、無条件の愛をもっておまえを愛しているのだから」。

主よ、わたしに語ってくださることに感謝します。わたしは自分の傷ついたこころをあなたに癒していただきたい、とほんとうに願っているのです。そして、そこから、わたしは近くにいる人々、遠くにいる人々に手を伸ばしていきたいと願っています。

主よ、あなたのこころはやさしく慎ましく、わたしを呼び出されます。

「重荷を負って疲れている者よ、わたしのもとに来なさい。休ませてあげよう」。

歴史を通して、あなたの苦難、死、そして復活がつづいていくなかで、あなたのこころによって、わたしのこころとあなたの苦しむ民のこころとを結びあわせてください。あなたのこころが、わたしたちの新しいいのちの源となるように、ゆだねられる希望と勇気、信頼を与えてください。

アーメン

改訂新版に向けての訳者あとがき

二〇〇〇年に『イエスとともに歩む』を訳出する機会をいただいてから一五年がたった。一五年も経ているのに、シスター・ヘレンの絵とナウエンの黙想は新しい。というのは一つひとつの章が今、現在、世界中で起こっているさまざまなできごとにわたしたちの黙想を導くからである。

ごく最近（二〇一五年六月）、米国のノースカロライナ州チャールストンの教会の聖書会中に、参加者のひとりであった白人（ホワイト）の青年が牧師を含む九人の黒人（アフリカンアメリカン）を射殺。大きな衝撃に包まれる中、教会の人たちは「この青年を赦す」「イエスに従う者に作り替えられてほしい」と口々に語り、世間は別な意味の衝撃に包まれる。しかしながらその後、全米のあちらこちらで黒人教会の放火が相次ぎ、この赦しのことばの受け取り方もさまざまであることをわたしたちは知るのである。

ナウエンは本書第四章で息子を亡くしたニカラグアの母親たちの口から出る「わたしたちは赦します」ということばを聴いたときの衝撃について記している。そして章の後半に「…深い人間の悲しみが、わたしの傷ついたこころと、人々のこころを結びあわせてくれます。苦しみの結びつきという神秘の中に希望が隠されています。イエスの道は人類の悲しみ、苦しみのこころへと入っていく道です」。あまりにも悲しい事件、残酷な争いのニュースが絶えない日々、どのように祈ったらいいのか、希望はどこにあるのか？　と問うわたしたちに、イエスの道を歩くということは、「人類の悲しみ、苦しみのこころへと入っていく道」、そして「恐れずに、見つめ、触れ、癒し、慰め、訪ねなさい」とナウエンの黙想は答える。

一枚、一枚の絵が、またそれぞれの黙想が一人ひとりの読者を導く方向はさまざまである。どうかこころを開いてゆったりと誘われる道を味わっていただきたい。イエスの十字架をあらたに見つめなおすときとなることを願い信じる。

本文中の聖書個所引用は『新共同訳聖書』を用いた。初版に引きつづき、お世話になった聖公会出版の唐澤秩子さん、オルビスブックスのドリス・グッドノーさんにこころからの感謝を申し上げる。

二〇一五年七月二二日　聖マグダラのマリヤ日

景山　恭子

著者・ヘンリ J.M. ナウエン

1932 年オランダに生まれる。ノートルダム大学、エール大学神学部、ハーバード大学神学部で 20 年近く教鞭を執った後、カナダのトロントにあるラルシュ共同体（デイブレイク）の牧者として、知的ハンディを負った人々と生活をともにする。1996 年 9 月逝去。主な著作として “Cry for Mercy” “Gracias!” “Bread for the Journey” などがある。

訳者・景山　恭子

東京、日本橋に生まれる。1973 年日本女子大学家政学部児童学科卒業。1995 年聖公会神学院卒業。1998 年より 10 年間、米国、ニューヨークにて、日本人のためのミニストリー、MJM の信徒宣教師を務める。2009 年より 2 年間、聖公会神学院スピリチュアルディレクターを務める。訳書にヘンリ・ナウエン『燃える心で』（聖公会出版）など。ニューヨーク在住。

改訂新版 イエスとともに歩む―十字架の道ゆき

2015 年 8 月 24 日　第 1 刷発行　定価（本体 1,800 円＋税）

著　者　ヘンリ J.M. ナウエン
訳　者　景山　恭子
デザイン　田宮　俊和
発行者　松山　献
発行所　有限会社　聖公会出版
〒 170-6045 東京都豊島区東池袋 3-1-1
サンシャイン 60 45F
電話 03-5979-2252　ファクス 03-5979-2253
ＤＴＰ　堀江制作
印　刷　創栄図書印刷株式会社

ISBN978-4-88274-286-9　C1016